Découvrir
les religions

ECCE·AGNI

Découvrir les religions

THEODORE GABRIEL
et
RONALD GEAVES

EYROLLES

Sommaire

BOUDDHISME & RELIGIONS D'ASIE DU SUD

RELIGIONS VERNACULAIRES

RELIGIONS RÉGIONALES

RÉFÉRENCES

Introduction

La religion guide les hommes depuis l'Antiquité et conserve une grande influence sur la plupart des continents. Même dans les régions laïcisées de l'Occident, elle refuse de capituler, opposant de nouvelles pratiques au déclin des anciennes allégeances. Toutes les religions présentées dans cet ouvrage ne sont pas perçues comme telles par leurs adeptes. Pourtant, il est possible de les définir ainsi parce que chacune constitue un monde autonome et distinct caractérisé par ses propres croyances et pratiques.

Chacun sait combien il est ardu de définir une religion. Cerner ses éléments constitutifs permet une première approche. Ninian Smart, spécialiste en la matière, a identifié les sept dimensions constitutives d'une religion: doctrinale, liée à l'expérience, rituelle, mythologique, sociale, éthique et matérielle. C'est l'univers unique façonné par ces sept dimensions qui fonde profondément chaque religion.

Cet ouvrage ne prétend pas être une recherche exhaustive sur toutes les religions du monde – ce serait une vocation encyclopédique. Beaucoup n'y figurent pas, mais les religions présentées se répartissent dans les six catégories décrites ci-après. Un ouvrage si modeste ne saurait non plus aspirer à analyser en détail la profondeur et l'ampleur des pratiques et croyances de chaque confession abordée. Elles présentent une grande diversité, les croyants forgeant leur propre interprétation des vérités prônées. Toutefois, le présent ouvrage s'attache à illustrer cette diversité, particulièrement au sein du christianisme, bien que l'islam, le bouddhisme et l'hindouisme soient tout aussi contrastés.

Des religions du monde, c'est le christianisme qui recense le plus grand nombre d'adeptes. Ses trois branches principales sont les Églises catholique romaine, orthodoxe orientale et protestante, comptant elles-mêmes de nombreuses ramifications qui se distinguent en termes de doctrine et de rituels. Il existe aussi des mouvements hétérodoxes, comme les témoins de Jéhovah, l'Église de Jésus-Christ des saints des derniers jours (Mormons) ou la Science chrétienne, qui se réclament du christianisme, mais ne sont pas reconnus par les principales Églises chrétiennes.

Le présent ouvrage met l'accent sur les dimensions rituelle et matérielle de la religion, que l'on peut appréhender de manière visuelle. Au cours de l'histoire, les liens qu'ont parfois tissés les religions avec les sociétés, les cultures et les civilisations se sont traduits par une architecture, un art, un habillement, une éthique et des rituels qui s'entremêlent aux normes culturelles. Mais toutes ne se sont pas manifestées de la sorte. Certaines existent par opposition aux cultures dominantes et leurs croyances mettent en avant une démarche iconoclaste. Elles refusent d'instituer des espaces, des arts et des textes sacrés – et sont parfois même opposées au rituel. Il est alors épineux de recommander des sites à visiter et les lecteurs ne trouveront que peu d'éléments incitant au tourisme spirituel. En effet, toutes les religions n'ont pas parcouru «un bout de chemin» avec des sociétés ou des civilisations dominantes, pas plus qu'elles n'ont laissé leur empreinte sur ces sociétés. Et pour celles qui l'ont fait, cela a pu prendre des siècles et des siècles.

Les croyants n'auront peut-être pas la même optique que les auteurs concernant le contenu de cet ouvrage, sur ce qui aurait dû y figurer ou en être écarté. Sachez que les auteurs ne cherchent aucunement à offenser quiconque et qu'ils restent absolument neutres quant aux multiples vérités prônées par les différentes confessions.

LES SIX FAMILLES DE RELIGIONS

JUDAÏSME

Nous avons consacré un chapitre au judaïsme en raison de son importance en tant que premier monothéisme sémitique et de son influence considérable tant sur le christianisme que sur l'islam, qui ont pour ainsi dire développé, réformé ou réinterprété ses enseignements.

CHRISTIANISME

Le christianisme fait l'objet d'un chapitre spécifique, car c'est la religion la plus représentée au monde et prédominante en Occident. Aussi la grande diversité des confessions chrétiennes y est-elle dépeinte.

ISLAM

L'islam est la dernière des grandes religions mondiales née des cultures sémitiques avant d'être diffusée dans le monde entier. Pour cette raison, mais aussi pour l'importance qu'il a prise dans l'histoire tant ancienne que contemporaine, une section lui a été consacrée.

BOUDDHISME ET RELIGIONS D'ASIE DU SUD

Ces religions plongent leurs racines en Asie du Sud, à l'image de l'hindouisme, du jaïnisme, du bouddhisme et du sikhisme. Dans certains cas, ce chapitre recoupe celui dédié aux religions régionales. Le sikhisme est par exemple associé à l'État du Pendjab, dans le nord de l'Inde, tandis que l'hindouisme, troisième religion du monde, est principalement pratiqué en Inde. Toutefois, les phénomènes de migration et de mondialisation changent la donne et des communautés issues de la diaspora et pratiquant ces religions s'installent aux quatre coins de la planète. Le bouddhisme est traité dans ce chapitre parce qu'il fut fondé en Inde – avant de se diffuser très rapidement à travers l'Asie. Pour les religions citées ci-dessus, y compris le judaïsme, le christianisme et l'islam, on parle volontiers de « religions du monde ».

RELIGIONS VERNACULAIRES

Le terme « vernaculaire » désigne les religions qui font une large place aux aspects pragmatiques de la vie quotidienne, tels que la santé, la longévité, la fertilité, la sécheresse, les inondations et toute force naturelle source de catastrophes ou de prospérité. En outre, elles considèrent que les conditions d'un bien-être quotidien sont susceptibles d'être maîtrisées par la magie, soit en faisant appel à des êtres bienveillants, soit en repoussant les influences malveillantes d'êtres surnaturels, grâce à certains rituels ou à l'intercession d'initiés. L'animisme est l'une des plus anciennes formes de religion pratiquée par les êtres humains. Toutes les confessions abordées dans ce chapitre reprennent des facettes de cette pratique ancestrale et se considèrent comme héritières de l'Antiquité. Pourtant, il s'agit bien souvent de transformations ou de réveils modernes d'anciennes pratiques religieuses, antérieures au christianisme.

RELIGIONS RÉGIONALES

Les religions évoquées dans ce chapitre sont étroitement liées aux conceptions et aux croyances d'une société ou d'une culture en particulier. Elles émanent parfois de certains contextes historiques qui leur confèrent une identité nationale ou régionale. Les religions exposées dans ce dernier chapitre ont pu se propager à travers le monde à la faveur des activités des missionnaires ou de migrations, toutefois elles demeurent fermement ancrées dans une culture ou une région du monde. Bien souvent, elles vont de pair avec des luttes visant à affirmer une identité nationale ou une norme culturelle.

Mode d'emploi

INTRODUCTION

La première rubrique présente une brève introduction et définition de la religion dont il est question.

PERSONNAGES PRINCIPAUX

Liste de personnalités éminentes associées à cette confession, à commencer par ses fondateurs. Lorsqu'une religion est antique et légendaire plutôt qu'historique, sont cités les principales divinités ou esprits vénérés par les fidèles du mouvement.

MOTS CLÉS

Toutes les religions ont leur propre lexique d'initiés, parfois dans une langue considérée comme sacrée pour les croyants. Cette sélection non exhaustive de mots clés se réfère à des concepts ou pratiques spécifiques à la religion qui sont ensuite repris dans la section.

DÉFINITION

Cette rubrique plonge au cœur de la religion, offrant un aperçu de son histoire, de ses pratiques et de ses croyances.

ILLUSTRATIONS EMBLÉMATIQUES

Pour chaque confession, une ou deux illustrations pertinentes – bâtiments sacrés, sites de pèlerinage, rituels de culte, lieux de festival ou œuvres d'art – viennent enrichir l'ouvrage. Autant que faire se peut, les sites présentés sont ouverts au public. Toutefois, les profanes se voient parfois interdire l'entrée de certains lieux sacrés.

VOIR AUSSI

En complément des illustrations, cette rubrique propose d'autres sites présentant un intérêt particulier pour chaque religion.

28 Catholicisme

Le terme catholicisme (littéralement « universel ») peut se référer à l'orthodoxie de l'Église chrétienne, mais désigne plus communément les doctrines de l'Église catholique romaine.

CONSTANTIN (274-337); AUGUSTIN D'HIPPONE (354-430); JOHN HENRY NEWMAN (1801-1890); PAPE JEAN-PAUL II (1920-2005); PAPE BENOÎT XVI (1927-)

institution hiérarchique; orthodoxie; primauté du pape; succession apostolique; vénération des saints

L'Église chrétienne, durement persécutée par les empereurs romains, fut reconnue et s'implanta pleinement sous le règne de l'empereur Constantin, qui se convertit au christianisme après avoir eu la vision de la croix dans le ciel en l'an 312.

L'Église chrétienne primitive se structurait autour de cinq sièges, sous l'égide des patriarcats de Rome, d'Alexandrie, d'Antioche, de Constantinople et de Jérusalem. Le pape, évêque de Rome, était *primus inter pares* (premier entre les égaux), puisque considéré comme le successeur de saint Pierre (que Jésus nomma Pierre d'après le terme araméen signifiant rocher – pierre sur laquelle il bâtirait son Église). Toutefois, au XIe siècle, les conflits doctrinaux (principalement hérités de la pensée du théologien et philosophe Augustin d'Hippone, ou saint Augustin), l'évolution des différentes pratiques rituelles et les divergences en matière de gouvernement des Églises aboutirent au schisme entre les Églises d'Orient et d'Occident. Une autre rupture majeure eut lieu au XVIe siècle, lorsque les Églises protestantes, ou réformées, rejetèrent l'autorité du pape et des pratiques comme la vente des indulgences au sein de l'Église catholique. John Henry Newman, anglican converti au catholicisme romain, s'efforça par l'entremise de son mouvement d'Oxford de rapprocher l'Église d'Angleterre de ses racines catholiques.

↑ **Dôme de la basilique Saint-Pierre, cité du Vatican, Rome, Italie**
Reconstruite à partir de 1506, la basilique se trouverait sur le site où saint Pierre fut crucifié. Des fouilles récentes ont permis de déceler une chambre funéraire sous l'autel, où l'on aurait découvert les reliques de saint Pierre.

→ *La Vierge à l'enfant*, vers 1515-1525, FIORENZO DI LORENZO
Marie (mère de Dieu) a toujours occupé une place centrale dans la foi catholique. Les roses rouges en arrière-plan symbolisent la souffrance de Marie et du Christ, et les blanches sa pureté. La guirlande représenterait le rosaire.

Catholicisme 29

AUTRES RESSOURCES DE CET OUVRAGE

GLOSSAIRE

Il recense les termes utilisés dans cet ouvrage en lien avec les différentes religions et propose un ensemble de mots clés que les lecteurs sont susceptibles de rencontrer lors de visites de sites religieux ou au fil de lectures consacrées à la religion.

CHRONOLOGIE DES RELIGIONS

La chronologie des religions demeure très controversée, tant parmi les érudits religieux que les pratiquants. On ignore parfois les dates de naissance des fondateurs et certaines religions, comme l'hindouisme et le jaïnisme, font remonter leur origine à des temps légendaires. Nombre des «nouvelles» religions exposées dans cet ouvrage revendiquent des origines antiques (comme la wicca ou le druidisme), bien que les formes modernes de renaissance se distinguent nettement des pratiques ancestrales. Les rédacteurs ont alors choisi de positionner ces religions en tant que phénomènes nouveaux. Conscients que notre chronologie ne fera pas l'unanimité, nous tenons à préciser que nous ne cherchons en aucune façon à offenser les croyants.

CARTES

Après réflexion, les auteurs ont décidé de ne pas présenter de cartes sur la répartition géographique des religions. Ces cartes, que l'on peut trouver dans d'autres sources pour les principales religions du monde, sont de plus en plus sujettes à controverse, les forces à l'œuvre dans le processus de mondialisation remodelant sans cesse le paysage religieux. Nous avons préféré indiquer le lieu d'origine de chaque religion, lorsque cela était possible mais parfois on ne peut citer de berceau géographique précis. Par ailleurs, nous sommes conscients que ces lieux d'origine, parfois approximatifs, peuvent être contestés.

SITES À NE PAS MANQUER

Cette rubrique répertorie des sites consacrés aux diverses religions. Loin d'être exhaustive, cette liste n'est qu'une sélection des sites religieux les plus connus de la planète. La plupart sont des centres culturels et des lieux de culte qui accueillent les visiteurs. Rappelons qu'ils devront peut-être se conformer à certaines règles culturelles et religieuses en matière de comportement et d'habillement.

I

JUDAÏSME

Judaïsme

Le judaïsme appartient à la famille des trois grands monothéismes du monde – le judaïsme, le christianisme et l'islam. Ses origines sont communes au christianisme et à l'islam, tout comme certains de ses patriarches, doctrines et pratiques.

ABRAHAM (2051-1976 av. J.-C.); ISAAC (1953-1773 av. J.-C.); JACOB (1893-1746 av. J.-C.); MOÏSE (1392-1272 av. J.-C.); MAIMONIDE (1138-1204); THEODOR HERZL (1860-1904)

Halakha; Israël; Messie (*Mashiah*); monothéisme; shabbat; synagogue

Loin de n'être qu'une simple religion, le judaïsme est aussi un mode de vie, un peuple et une culture. D'une grande diversité, il englobe les juifs orthodoxes, les juifs réformés, les Ashkénazes, les Séfarades et d'autres groupes se définissant par leur origine ethnique, que l'on retrouve dans le monde entier et qui sont issus de tous les peuples. Certains sont totalement séculiers et ne pratiquent pas les rites religieux qu'énonce la Halakha (ensemble des lois juives). D'autres observent des célébrations et des jours fériés, sans forcément les considérer comme des pratiques religieuses. D'ailleurs, la moitié des Juifs vivant aux États-Unis ne sont pas rattachés à une synagogue.

Le terme «judaïsme» vient de Juda, quatrième fils de Jacob dont les douze fils fondèrent les douze tribus d'Israël. Si au sens strict le judaïsme désigne donc une seule tribu, au sens moderne les juifs représentent tous les descendants de Jacob (également appelé Israël). Theodor Herzl est considéré comme l'initiateur du sionisme – mouvement prônant le retour des juifs en Terre sainte.

Pour les juifs, il existe un Dieu unique, apparu à Abraham, Isaac et Jacob. Il est incorporel, omnipotent, omniscient, éternel, saint, miséricordieux et juste, et, à ce titre, le judaïsme présente bien des similitudes avec l'islam. La notion de Messie occupe une place centrale dans la foi juive. Descendant de David (le grand roi d'Israël), le Messie établira la suzeraineté d'Israël

← **Mur occidental, vieille ville, Jérusalem, Israël**
Le Mur occidental (ou Mur des lamentations, appellation contestée par les juifs) est le seul vestige du second temple juif, détruit par l'empereur romain Titus en l'an 70 de l'ère chrétienne. Il symbolise l'amour éternel de Dieu, au-delà de la souffrance et de la persécution endurées par les juifs.

→ **Tombe du roi David, Jérusalem**
Lorsque Dieu se détourna de Saül, c'est David qui lui succéda sur le trône d'Israël. Vaillant guerrier et meneur d'hommes, il fut aussi un grand poète et musicien.

dans le monde. Il créera un royaume de paix, rétablira Jérusalem et son Temple sacré, et bannira toute méchanceté et tout péché, au cours d'une période de grandes tribulations. À la différence des chrétiens, les juifs ne considèrent pas Jésus comme le Messie et rejettent totalement la notion de Trinité.

La Halakha se compose de six cent treize *mitzvoth* (*mitzvah* au singulier), ou commandements, prescrites par la Torah (la loi de Dieu), et de lois émanant des coutumes traditionnelles et des rabbins (érudits ou docteurs de la Loi juive). Le shabbat, ou sabbat, le jour du repos, revêt une importance particulière au sein du judaïsme, à l'instar des lois alimentaires comme la cacheroute (les aliments casher).

La pensée de Maimonide, un des plus grands rabbins philosophes qui vécut en Espagne et en Égypte au Moyen Âge, est considérée comme la pierre angulaire de l'orthodoxie juive actuelle.

Les juifs révèrent Dieu dans des sanctuaires, à l'intérieur des synagogues. Les rouleaux de la Torah sont conservés dans une armoire, l'*Aron Kodesh*, ou Arche sainte. Tournée vers Jérusalem, elle représente le sanctuaire intérieur, ou Saint des Saints, de l'ancien Temple de Jérusalem. Les rouleaux sont lus depuis un pupitre appelé la *bimah*. Le *Ner Tamid*, ou lumière éternelle, brûle en permanence, rappelant la flamme placée devant le Saint des Saints dans la pratique ancienne. On trouve aussi parfois une *menorah* à sept branches (candélabre sacré) devant l'*Aron Kodesh*.

Dans les synagogues orthodoxes, les femmes et les hommes sont généralement séparés, tout comme dans les mosquées musulmanes. Les femmes sont toutefois tenues en haute estime dans les sociétés juives, Dieu les ayant dotées à la fois d'une très grande intuition, d'intelligence et de compréhension. La Bible hébraïque cite d'ailleurs sept femmes prophètes. Les femmes sont dispensées d'observer certains commandements de la Halakha afin de privilégier la maternité et l'éducation des enfants, et leurs devoirs diffèrent de ceux des hommes – ce qui ne signifie en aucun cas que leurs responsabilités sont dénigrées.

Selon les estimations, quinze millions de personnes pratiquent actuellement le judaïsme à travers le monde.

← *L'Échelle de Jacob*, XVIIIe s., **WILLIAM BLAKE**
On pense que le temple juif fut bâti sur la colline où Jacob, patriarche d'Israël, eut la vision d'anges montant et descendant une échelle qui atteignait le ciel. Exposée au British Museum de Londres, cette aquarelle symbolise la croyance selon laquelle le Temple s'élève à la croisée des mondes terrestre et sacré.

↓ **Synagogue ancienne-nouvelle, Prague, République tchèque**
Achevée vers 1270, la Synagogue ancienne-nouvelle (Alt-Neu Schul) est la plus ancienne en Europe où des offices sont encore célébrés. Initialement appelée la Nouvelle Synagogue, elle fut rebaptisée au XVIe siècle, lorsque d'autres synagogues furent bâties.

ÉGYPTE Mont Sinaï; **IRAK** Portes de Ninive, près de Mossoul; **ISRAËL** Mont du Temple, Jérusalem; **TERRITOIRES PALESTINIENS** Ville de Jéricho

Judaïsme orthodoxe

Cette appellation générique désigne les communautés juives qui adhèrent à une interprétation et à une application strictes des Écritures et de la Loi juives. Certains juifs orthodoxes refusent cette dénomination employée au début du XIXe siècle par des juifs plus progressistes pour qualifier les sections conservatrices.

SAMSON RAPHAËL HIRSCH (1808-1888); GRAND RABBIN YITZHAK HALEVI HERZOG (1889-1959); LUBAVITCHER REBBE MENACHEM MENDEL SCHNEERSON (1902-1994); RABBIN JOSEPH SOLOVEITCHIK (1903-1993)

exclusivisme; Halakha; haredim; hassidim; orthodoxes modernes; tradition

Selon les juifs orthodoxes, la Torah (les cinq livres de Moïse ou Pentateuque), dictée par Dieu, ne saurait être amendée par les hommes. Ils se conforment à la loi orale qu'énonce la littérature rabbinique, comme le Talmud et la Haggadah, et observent rigoureusement la Halakha (Loi juive). Le judaïsme orthodoxe se subdivise en divers courants – les orthodoxes modernes, les haredim et les hassidim – qui se distinguent en fonction de leur attitude vis-à-vis de la société séculière, de l'importance accordée à l'étude de la Torah et aux études profanes, du maintien de l'orthodoxie en matière d'habillement, de langue et de musique, de la place de l'État d'Israël au sein du judaïsme et du rôle des femmes dans la société religieuse. Tous se proclament les représentants authentiques du judaïsme.

Au début du XIXe siècle, lorsque certains membres de la communauté juive en Allemagne se sont avancés sur une voie plus libérale, d'autres souhaitaient préserver la tradition, tout en s'engageant dans une société succédant au siècle des Lumières. Les théories du rabbin Samson Raphaël Hirsch illustrent cette position, sur laquelle s'appuieront les juifs orthodoxes modernes. C'est le rabbin Lubavitcher Rebbe Menachem Mendel Schneerson, aux États-Unis, qui accéléra l'expansion du judaïsme orthodoxe.

Au XXe siècle, la ferveur et la rigueur accrues de certains juifs orthodoxes donnèrent naissance au mouvement des haredim, baptisés péjorativement les ultra-orthodoxes.

Les haredim préconisent le séparatisme vis-à-vis de la culture non juive, tout en s'inscrivant dans les sociétés non juives. Ils privilégient les études communautaires de la Torah plutôt que les études menées uniquement par des dignitaires religieux. Ils sont ambivalents quant à la place de l'État d'Israël dans le judaïsme, à l'instar des hassidim, qui, eux, rejettent toute interaction avec la société non juive.

Quant aux juifs orthodoxes modernes, ils s'intègrent dans la société non juive, tout en accordant une importance particulière à l'étude profane, au sionisme religieux et à l'État d'Israël. Le rabbin Joseph Soloveitchik fut un éminent partisan de cette idéologie, tandis que le grand rabbin Yitzhak Halevi Herzog prônait le sionisme.

→ **Grande synagogue, Budapest, Hongrie**
C'est la deuxième synagogue du monde, la plus grande se trouvant à New York. Si les dômes évoquent l'Orient, les deux tours semblables à des clochers d'église témoignent de l'influence hongroise.

É.-U. Collège rabbinique d'Amérique, Morristown, New Jersey; **HONGRIE** Synagogue du Moyen Âge, Budapest; **INDE** Synagogue, Cochin, Kerala; **R.-U.** Synagogue de Princes Road, Liverpool, Angleterre; **UKRAINE** Hôpital juif de style mauresque, Lviv

Judaïsme orthodoxe

Judaïsme réformé

Le judaïsme réformé trouve principalement ses origines dans l'Allemagne du XIXe siècle. La communauté juive, imprégnée des valeurs des Lumières, avait alors soif d'égalité et d'intégration au sein de la société européenne. Le mouvement a ensuite gagné d'autres régions, notamment les États-Unis et Israël.

Israël Jacobson (1768-1828); Leopold Zunz (1794-1886); Samuel Holdheim (1806-1860); David Einhorn (1809-1879); Isaac Mayer Wise (1819-1900)

autonomie; égalité hommes-femmes; modernisation; temples

Mouvement né dans l'Allemagne du XIXe siècle, le judaïsme réformé considère le judaïsme comme une religion et non comme une culture. Il a ainsi permis aux juifs de battre en brèche les accusations de séparatisme et de devenir des citoyens ordinaires de leurs nations d'accueil dans le monde, tout en s'adaptant aux évolutions modernes de la vie sociale, politique et culturelle. Les réformes ont introduit l'autonomie dans l'interprétation des Écritures, qui ont perdu leur caractère divin, ainsi que dans la lecture critique et l'analyse textuelle de la Bible hébraïque et de la littérature rabbinique. La langue, la tenue vestimentaire et les coutumes ont été modernisées, l'égalité totale entre hommes et femmes, dans le domaine religieux notamment, s'est traduite par l'ordination de femmes rabbins et les non-juifs ont été autorisés à participer aux offices en tant que chantres et choristes. La «réparation du monde» (*Tikkun olam* en hébreu) est le premier moyen de servir Dieu.

Israël Jacobson, en Allemagne, fut l'un des premiers réformateurs. Samuel Holdheim se fit

connaître par ses opinions très progressistes, tandis que Leopold Zunz, à Berlin, se distingua par son étude critique de la littérature et du rituel juifs.

Le culte se rapproche du protestantisme. L'usage de l'hébreu est restreint, tandis qu'une large place est accordée à la musique et à des instruments comme les grandes orgues. Le judaïsme réformé a également instauré le rite de la confirmation pour les jeunes juifs. Les offices sont plus courts et les lieux de culte sont des temples – rupture radicale avec la croyance juive selon laquelle ce terme désigne exclusivement le temple de Jérusalem (ou temple sacré).

Les immigrants allemands perpétuèrent ces pratiques aux États-Unis. Isaac Mayer Wise fut l'un des pionniers du judaïsme réformé en Amérique du Nord. Partisan, entre autres réformes, de l'utilisation de la langue vernaculaire lors des offices, David Einhorn écrivit un livre de prières révisé que les congrégations réformées américaines adoptèrent. Lors du congrès de Pittsburgh de 1885, les juifs réformés ont résolu de renoncer aux codes alimentaires et vestimentaires, ainsi qu'au concept de pureté sacerdotale, pour n'observer que les lois morales et les cérémonies propres à sanctifier et à élever leurs vies, abandonnant tout rite qui n'était pas compatible avec la civilisation moderne. Le judaïsme réformé compte actuellement plus de trois millions d'adeptes.

↑ **Synagogue Beth Sholom, Elkin's Park, Pennsylvanie**
Achevée en 1959, la synagogue est l'œuvre de l'architecte Frank Lloyd Wright. Le design triangulaire du toit évoque le mont Sinaï, où Moïse reçut de Dieu les Tables de la Loi, et la Tente de la rencontre, qui préluda au premier temple édifié par le roi Salomon.

← ***Jour du Grand Pardon*, 1919, JACOB KRAMER**
Exposé à la Leeds City Art Gallery, en Angleterre, ce tableau de Jacob Kramer, artiste juif d'origine ukrainienne, représente des juifs priant le jour du Grand Pardon (Yom Kippour). Célébré le 10e jour du mois de Tishri, le Yom Kippour est un jour de jeûne total passé à prier à la synagogue.

É.-U. Synagogue Bret Breira, Miami, Floride; Congrégation Mickve Israël (judaïsme réformé), Savannah, Géorgie; Temple Beth Teffiloh, Brunswick, Géorgie; Temple Habonim, Barrington, Rhode Island; **R.-U.** Synagogue réformée, Park Place, Cheetham, Manchester, Angleterre

ihesus · nazarenus · rex · iudeorum
ISSOS TV NAZARENO BASIBEOS TO IVDE

2

CHRISTIANISME

Christianisme

Les disciples de la foi chrétienne suivent l'enseignement et l'exemple du Christ (littéralement, «celui qui est oint»). Rassemblant plus de deux milliards d'adeptes, le christianisme est la première religion du monde.

Saint Pierre (Ier siècle); saint Paul (Ier siècle); le pape; Constantin (274-337); Martin Luther (1483-1546)

Croix; Jésus; Messie; non-violence; Trinité

À l'origine secte juive (au cours du Ier siècle de l'ère chrétienne), le christianisme a rapidement franchi les frontières nationales et ethniques pour devenir une religion du monde, notamment grâce à saint Paul qui convertit nombre de Gentils (non-Juifs).

Les chrétiens sont les disciples de Jésus, en qui ils voient le Christ et, généralement, l'une des personnes de la sainte Trinité (le Père, le Fils et le Saint-Esprit). Ils croient que Jésus a été un homme tout en étant Dieu et qu'il est mort sur la Croix pour la rémission des péchés de l'humanité. Aussi, tous ceux qui le reconnaissent comme leur rédempteur seront sauvés et accéderont à la vie éternelle. Jésus a été jugé, torturé et exécuté sur la Croix par Ponce Pilate, procurateur de la province romaine de Judée, à l'instigation de responsables juifs qui le considéraient comme une menace pour leur autorité et leur influence sur la population juive.

Les premiers chrétiens furent durement persécutés par les empereurs romains, mais l'empereur Constantin se convertit au christianisme en l'an 312, après qu'une croix lui fut apparue dans le ciel et le proclama religion d'État.

Tout en conservant la Bible hébraïque (désormais appelée Ancien Testament), le christianisme se tourna vers l'interprétation des références à la vie et à l'enseignement de Jésus-Christ.

La seconde partie de la Bible chrétienne, le Nouveau Testament, se compose des quatre Évangiles (relatifs à la vie de Jésus), des Actes des Apôtres, des Épîtres (lettres des apôtres) et du livre de l'Apocalypse – ou de la Révélation. Les apocryphes sont des écrits connexes à la Bible, d'origine juive ou chrétienne, ne figurant pas dans le canon des Écritures (bien qu'inclus dans certaines versions de la Bible). On peut lire les apocryphes de l'Ancien Testament pour s'instruire, mais ils ne sauraient servir au prêche ni à un usage liturgique dans l'Église. Quant aux apocryphes du Nouveau Testament, ils sont largement exclus. Certaines sectes chrétiennes ont leur propre canon, formé de leurs propres écrits.

Le christianisme compte de nombreuses confessions ou dénominations. La première grande rupture, le schisme d'Orient, eut lieu en 1054 entre les Églises d'Orient et d'Occident, en raison de divergences doctrinales et politiques; trois siècles plus tard (1378-1417), l'Église d'Occident se divise, c'est le grand schisme d'Occident. La troisième grande rupture intervint en 1517, lorsque Martin Luther, moine allemand, engagea une critique et une réforme de l'Église catholique romaine. Les trois branches de la chrétienté – catholicisme romain, orthodoxie orientale et protestan-

→ **Via Dolorosa, Jérusalem, Israël**
Le terrible cheminement du Christ depuis le prétoire de Pilate jusqu'au lieu de sa crucifixion est un élément important de la passion du Christ. La Via Dolorosa (le «Chemin de Croix») serait l'itinéraire qu'il a suivi. Quatorze stations signalées tout au long du chemin rappellent des événements particuliers. Les pèlerins revivent cet épisode, portant souvent de grandes croix.

« ***Crucifixion*, xve s., JAN VAN EYCK**
(voir page 20)
Achevé en 1430, ce tableau remarquable est l'une des plus célèbres représentations de cet épisode paroxystique. Pour les chrétiens, la Crucifixion est l'acte par lequel Jésus a sauvé bien des hommes de la damnation éternelle.

tisme – se subdivisent en diverses confessions. Certaines sectes hétérodoxes se réclament également du christianisme, à l'instar des témoins de Jéhovah, de l'Église de Jésus-Christ des saints des derniers jours (Mormons) et des adeptes de la Science chrétienne, mais ne sont pas reconnues par les principales Églises chrétiennes. Bien qu'ayant amorcé un déclin en Occident, notamment en Europe, le christianisme prospère et prend même de l'ampleur dans certaines régions d'Amérique latine, d'Asie et d'Afrique.

Le pape, considéré comme le successeur de saint Pierre, apôtre auquel Jésus a confié son Église, est à la tête de l'Église catholique romaine. Il exerce son autorité en matière de doctrine et nomme les évêques dans le monde entier. Quant à l'archevêque de Cantorbéry, il est le primat de la Communion anglicane internationale, regroupement d'Églises chrétiennes liées à l'Église d'Angleterre, qui englobe l'Église épiscopalienne des États-Unis d'Amérique ainsi que des Églises nationales, provinciales et indépendantes. Le pape comme l'archevêque croient en la succession apostolique, selon laquelle les évêques sont ordonnés en tant que successeurs des apôtres du Christ.

Le culte varie considérablement au sein même de la chrétienté: les Églises catholique romaine et orthodoxe orientale, plus formelles, observent des traditions séculaires (tout en adoptant des évolutions comme les langues vernaculaires et d'autres plus récentes), tandis que l'Église protestante préfère un culte plus ouvert, moins formel et plus vivant. Nombre d'Églises modernes intègrent au culte de la musique contemporaine et même de la danse et, en Occident, elles rencontrent un vif succès auprès des jeunes pratiquants.

↑ **Cathédrale Saint-Paul, Londres**
Édifiée en 1708 par Christopher Wren, éminent architecte, cette splendide cathédrale est coiffée d'un dôme impressionnant inspiré de la basilique Saint-Pierre au Vatican. Elle abrite les tombes de personnalités britanniques célèbres, comme lord Kitchener, l'amiral Nelson, le duc de Wellington et le poète John Donne.

← *Le Jugement dernier*, **vers 1534-1541, Michel-Ange**
Ornant la chapelle Sixtine, cette œuvre de Michel-Ange est la plus grande fresque d'un seul tenant du XVIe siècle. Commandée par le pape Clément VII en 1534, elle fut achevée après sa mort. Elle représente l'événement apocalyptique de la résurrection des morts, lorsque le Christ sépare les bons des mauvais.

ISRAËL Golgotha (lieu de crucifixion du Christ), Jérusalem; **ITALIE** Catacombes, Rome; le Vatican, Rome; **R.-U.** Cathédrale de Coventry, Coventry, West Midlands, Angleterre

Église orthodoxe de Grèce

L'Église orthodoxe de Grèce est une branche de l'Église orthodoxe orientale du Christ. Elle regroupe les Églises orthodoxes qui sont ethniquement grecques ou suivent une liturgie grecque, tout en adhérant à la doctrine de l'orthodoxie orientale.

CONSTANTIN (274-337); GERMANOS STRINOPOULOS (1872-1951); ARCHEVÊQUE GREGORIOS DE THYATEIRA ET DE GRANDE-BRETAGNE (1928-); PETROS VII (1949-2004)

Dormition; filioque; importance de Pâques; psalmodie; schisme d'Orient

Le christianisme s'implanta solidement sous le règne de l'empereur romain Constantin, qui se convertit après qu'une croix lui fut apparue dans le ciel. L'Église orthodoxe de Grèce dépend de l'Église orthodoxe orientale, d'obédience chrétienne, qui s'est séparée de l'Église de Rome en 1054, lors du schisme d'Orient. Cette séparation a notamment été engendrée par la chute de l'Empire romain, alors que l'Empire byzantin continuait à prospérer en Orient, et par l'introduction du filioque dans la version romaine du symbole de Nicée (profession de foi chrétienne). Selon cet «ajout», le Saint-Esprit procède du Père et du Fils, ce qui, pour les orthodoxes, contredit pleinement le concile d'Éphèse et n'est donc pas considéré comme canonique par l'Église orientale.

L'Église orthodoxe orientale est le troisième mouvement chrétien dans le monde – avec près de trois cent cinquante millions de fidèles – derrière les catholiques romains et les protes-

tants. Elle est particulièrement influente en Grèce et à Chypre. Londres est le siège du diocèse de Thyateira, siège des Églises orthodoxes grecques en Europe occidentale et centrale. L'éminent théologien Germanos Strinopoulos devint le premier métropolite (évêque) en 1922. Le patriarche Gregorios occupe actuellement cette fonction. Petros VII fut le patriarche d'Alexandrie de 1997 à 2004.

Si Marie, mère de Dieu (*Theotokos* en grec), occupe une place importante dans leur foi, les orthodoxes n'adhèrent pas au dogme catholique romain de l'Immaculée Conception (Marie est née préservée du péché originel – le penchant pour le mal étant inhérent à tout être humain). Toutefois, les orthodoxes croient qu'elle est restée vierge et pure tout au long de sa vie et célèbrent la Dormition (l'endormissement ou la mort) de Marie plutôt que l'Assomption au ciel de son corps.

Les bâtiments des Églises orthodoxes sont rectangulaires, symbolisant l'arche de Noé, ou en forme de croix. Les *stacidia* (sortes de hautes chaises avec accoudoirs) remplacent les bancs de l'église. L'encens fait partie intégrante du culte et la liturgie est majoritairement chantée ou psalmodiée. Les chrétiens orthodoxes fêtent Noël en janvier et non en décembre. Pâques, également célébrée à une date différente, est la cérémonie la plus importante.

↑ **Monastère, mont Athos, péninsule de Halkidiki, Grèce**
Formant un État autonome au sein de la République grecque, la république monastique du mont Athos («Montagne sacrée») est un peu le Vatican de la chrétienté orthodoxe grecque. Consacrée à la Vierge Marie, la péninsule est habitée par des moines depuis le IIIe siècle et abrite vingt monastères.

La Dormition de Marie
← L'Église orthodoxe de Grèce célèbre la Dormition de Marie le 15 août. Cette œuvre byzantine provient d'une petite église chypriote réputée pour ses fresques, l'église Asinou, près du mont Troodos.

ÉGYPTE Église orthodoxe grecque de Mari Girgis (Saint-Georges), Le Caire; Monastère Sainte-Catherine, mont Sinaï; **GRÈCE** Église orthodoxe grecque, Santorin; **TURQUIE** Église chrétienne orthodoxe de Saint-Georges, Istanbul; **UKRAINE** Église de la Sainte-Trinité, Toporoutz

Catholicisme

Le terme catholicisme (littéralement «universel») peut se référer à l'orthodoxie de l'Église chrétienne, mais désigne plus communément les doctrines de l'Église catholique romaine.

Constantin (274-337); Augustin d'Hippone (354-430); John Henry Newman (1801-1890); pape Jean-Paul II (1920-2005); pape Benoît XVI (1927-)

institution hiérarchique; orthodoxie; primauté du pape; succession apostolique; vénération des saints

L'Église chrétienne, durement persécutée par les empereurs romains, fut reconnue et s'implanta pleinement sous le règne de l'empereur Constantin, qui se convertit au christianisme après avoir eu la vision de la croix dans le ciel en l'an 312.

L'Église chrétienne primitive se structurait autour de cinq sièges, sous l'égide des patriarcats de Rome, d'Alexandrie, d'Antioche, de Constantinople et de Jérusalem. Le pape, évêque de Rome, était *primus inter pares* (premier entre les égaux), puisque considéré comme le successeur de saint Pierre (que Jésus nomma Pierre d'après le terme araméen signifiant rocher – pierre sur laquelle il bâtirait son Église). Toutefois, au XIe siècle, les conflits doctrinaux (principalement hérités de la pensée du théologien et philosophe Augustin d'Hippone, ou saint Augustin), l'évolution des différentes pratiques rituelles et les divergences en matière de gouvernement des Églises aboutirent au schisme entre les Églises d'Orient et d'Occident. Une autre rupture majeure eut lieu au XVIe siècle, lorsque les Églises protestantes, ou réformées, rejetèrent l'autorité du pape et des pratiques comme la vente des indulgences au sein de l'Église catholique. John Henry Newman, anglican converti au catholicisme romain, s'efforça par l'entremise de son mouvement d'Oxford de rapprocher l'Église d'Angleterre de ses racines catholiques.

↑ **Dôme de la basilique Saint-Pierre, cité du Vatican, Rome, Italie**
Reconstruite à partir de 1506, la basilique se trouverait sur le site où saint Pierre fut crucifié. Des fouilles récentes ont permis de déceler une chambre funéraire sous l'autel, où l'on aurait découvert les reliques de saint Pierre.

→ ***La Vierge à l'enfant*, vers 1515-1525, FIORENZO DI LORENZO**
Marie (mère de Dieu) a toujours occupé une place centrale dans la foi catholique. Les roses rouges en arrière-plan symbolisent la souffrance de Marie et du Christ, et les blanches sa pureté. La guirlande représenterait le rosaire.

Catholicisme

Parmi les dogmes spécifiques à l'Église catholique romaine, citons l'infaillibilité du pape, le postulat selon lequel l'Église est l'unique dépositaire des enseignements authentiques du Christ et des apôtres, la transsubstantiation (selon laquelle le pain et le vin de l'eucharistie sont réellement le corps et le sang du Christ) et la croyance en l'existence du purgatoire (lieu, ou état de souffrance, hanté par les âmes de ceux qui expient leurs péchés avant de gagner le paradis).

Considérée comme la *Theotokos* (« celle qui enfanta Dieu »), Marie doit être vénérée. Les dogmes de l'Immaculée Conception (Marie est née préservée du péché originel – le serpent tentateur ayant présenté une pomme qu'ont croquée Ève et Adam, symbole de l'assouvissement au mal et responsable de la

Chute de l'homme) et de son assomption corps et âme lors de sa mort distinguent également l'Église catholique des Églises réformées. Les catholiques apprécient les images sacrées, associent l'encens et l'eau au culte, prient pour les morts et prient les saints défunts.

Si l'Église catholique a assoupli sa position concernant les autres confessions chrétiennes et les autres religions, elle maintient sa règle en matière de contraception, d'homosexualité, de célibat des prêtres et d'ordination des femmes. Feu le pape Jean-Paul II, comme le souverain pontife Benoît XVI le fait aujourd'hui, s'est efforcé de préserver l'enseignement traditionnel de l'Église catholique romaine dans ces domaines.

↑ **Grotte Massabielle, Lourdes, Hautes-Pyrénées, France**
Depuis que la Vierge Marie est apparue à Bernadette Soubirous, fillette de 14 ans, dans la grotte de Massabielle, à Lourdes, le site est devenu un grand centre de pèlerinage. L'eau de la source qui jaillit dans la grotte aurait des propriétés curatives.

← ***Remise des clefs à saint Pierre*, 1481-1482, PIETRO PERUGINO, DIT LE PÉRUGIN**
Le Christ désigna Pierre comme la pierre sur laquelle il bâtirait son Église sur terre. Cette fresque de la chapelle Sixtine représente le Christ remettant les clés du royaume des cieux à saint Pierre. L'arrière-plan semble plus européen que sémitique.

É.-U. Cathédrale Saint-Patrick, New York; **FRANCE** Cathédrale Notre-Dame, Chartres; Cathédrale Notre-Dame, Paris; **INDE** Reliques de saint François-Xavier, Église de Bom Jesus, Goa; **ITALIE** Basilique Saint-Sébastien, Catacombes, Rome

Protestantisme

Nom générique désignant une grande diversité d'Églises liées à la Réforme. Le protestantisme est l'un des trois courants majeurs du christianisme.

Martin Luther (1483-1546); Ulrich Zwingli (1484-1531); Philipp Melanchthon (1497-1560); Jean Calvin (1509-1564); John Knox (1514-1572)

évangélisme; primauté des Écritures; Réforme; rupture

Le protestantisme est né en 1517 lorsque Martin Luther, moine allemand, placarda sur la porte de l'église du château de Wittenberg ses thèses, critique de l'Église catholique romaine de l'époque. Son idéologie se diffusa rapidement dans toute l'Allemagne et dans les pays d'Europe du Nord. Dans un sens plus large, le terme «protestantisme» en vint à désigner les Églises prônant la rupture avec l'Église catholique romaine.

Philipp Melanchthon, professeur d'université, théologien et grand ami de Luther, fut également un artisan majeur de la Réforme. Les thèses et les écrits du théologien français Jean Calvin, autre fervent partisan, influencèrent considérablement les Églises réformées d'Europe. John Knox, prêtre écossais, mena la réforme de l'Église d'Écosse, tandis que le pasteur et théologien Ulrich Zwingli convertit la Suisse à la Réforme.

Les protestants s'élevèrent contre l'octroi des indulgences par l'Église catholique, qui partait du principe que le pardon des péchés pouvait aussi être obtenu par des paiements versés au clergé (destinés à l'achèvement de Saint-Pierre de Rome). Ce fut la principale pierre d'achoppement entre catholiques et protestants, qui considèrent que le salut vient de la foi en l'acte d'expiation de Jésus sur la Croix et dépend bien plus de la grâce de Dieu que des efforts des hommes. Les protestants récusent l'autorité des évêques, du pape et de la tradition, ne reconnaissant que celle des Saintes Écritures. Leur interprétation individuelle est ainsi devenue la norme en matière de compréhension doctrinale et de pratique religieuse. Certaines Églises protestantes, à l'image de celle d'Angleterre, sont dirigées par des chefs d'État temporels.

Se démarquant des catholiques romains, les protestants ne croient pas au purgatoire, ni à l'Immaculée Conception, ni à l'assomption de Marie, ni à l'intercession des saints, et ne prescrivent pas le célibat des pasteurs. Ils ont modifié la doctrine de la transsubstantiation, le pain et le vin de l'Eucharistie étant reconnus uniquement comme représentations ou symboles et non comme le corps et le sang réels du Christ.

Les Églises protestantes sont dans l'ensemble moins ornées, plus austères. Les statues, l'encens et l'eau sont généralement

absents du culte, bien que les Églises plus proches de la tradition catholique romaine, comme la *High Church* (Haute Église), perpétuent ces traditions.

On compte désormais près de cinq cent quatre-vingt-dix millions de protestants dans le monde.

↑ *La Famille d'Henri VIII: allégorie de la succession des Tudors*, vers 1570-1575, LUCAS DE HEERE
Partisan du protestantisme en Angleterre, le roi Henri VIII a grandement contribué à soustraire l'Église d'Angleterre à l'autorité papale, se proclamant en 1534 chef suprême de l'Église anglicane. Cette œuvre se trouve au National Museum and Gallery of Wales, à Cardiff (pays de Galles).

Cathédrale de Grossmünster, Zurich, Suisse
Datant du XIe siècle, la cathédrale a probablement été édifiée par l'empereur Charlemagne. Ulrich Zwingli y a dirigé une importante secte de la Réforme. Aussi toutes les décorations intérieures ont-elles été retirées, conformément à la tradition luthérienne d'austérité.

ALLEMAGNE Statue de Martin Luther, Eisenach; Statue de Martin Luther, Wittenberg, Saxe-Anhalt; **É.-U.** Église presbytérienne Jean-Calvin, Metairie, Nouvelle-Orléans; **FRANCE** Musée Jean-Calvin, Noyon; **SUISSE** Statue d'Ulrich Zwingli, Zurich

Luthéranisme

Le luthéranisme se fonde sur l'enseignement de Martin Luther, moine de Wittenberg, en Allemagne, qui a cherché à réformer les doctrines et pratiques corrompues de l'Église catholique romaine du début du XVIe siècle.

FRÉDÉRIC LE SAGE (1463-1525); MARTIN LUTHER (1483-1546); PHILIPP MELANCHTHON (1497-1560); JEAN-SÉBASTIEN BACH (1685-1750)

évangélisme, justification par la foi; millénarisme; péché originel; primauté des Écritures; Réforme

Officiellement, le luthéranisme naquit le 31 octobre 1517, lorsque Martin Luther placarda sur la porte de l'église du château de Wittenberg ses célèbres 95 thèses, qui mettaient en cause la pratique catholique consistant à accorder le pardon pour des péchés en

échange de dons financiers à l'Église. Malgré l'opposition du pape et de Charles V, à la tête du Saint Empire romain germanique, le mouvement luthérien prit un essor rapide, notamment en Allemagne et dans le nord de l'Europe. Frédéric le Sage, électeur de Saxe, fut un ardent défenseur des thèses de Luther mettant en cause l'Église de Rome.

Le terme «luthérien» fut utilisé pour la première fois par les adversaires de Luther en 1519, avant d'être ensuite accepté dans le monde entier, même si Luther préférait la dénomination «évangélique». Aujourd'hui, on parle généralement des Églises évangéliques luthériennes. En Allemagne, toutefois, «luthérien» a disparu, l'Église d'État étant simplement appelée Église évangélique ou évangélique unie.

En 1530, Charles V demanda aux responsables luthériens d'exposer leurs convictions religieuses. L'universitaire allemand Philipp Melanchthon, figure clé de la Réforme et ami proche de Luther, fut chargé de rédiger une confession commune. Le 25 juin 1530, la Confession d'Augsbourg fut présentée à l'empereur. Elle constitue aujourd'hui le fondement de tous les enseignements luthériens orthodoxes.

L'autorité de la Bible est au cœur du luthéranisme. Selon les luthériens, toute action humaine est entachée de péché, en raison de la désobéissance d'Adam et Ève – le salut vient donc uniquement par la foi et non par les bonnes actions. Loin d'être littérale, la description de l'apocalypse et du millénarisme dans le Livre de l'Apocalypse est symbolique, ou figurative, et les chrétiens qui ont la foi sont conduits directement au ciel à leur mort, où ils attendent la résurrection du corps lors de la seconde venue du Christ.

Le culte luthérien accorde une place prépondérante à la musique. Nombre de cantates ont été composées par Jean-Sébastien Bach, fervent disciple de Luther. L'eucharistie, héritée de l'Église de Rome et célébrée tous les dimanches, revêt une grande importance.

Comptant près de quatre-vingt-trois millions de fidèles, l'Église luthérienne est la troisième confession chrétienne du monde.

↑ **Église de Tous-les-Saints, Wittenberg, Allemagne**
C'est sur la porte de cette église que Martin Luther placarda sa fameuse critique de l'Église catholique romaine en 1517. Les anciennes portes en bois ayant brûlé lors d'un incendie en 1760, elles sont aujourd'hui en bronze.

← *Martin Luther*, **1529, LUCAS CRANACH L'ANCIEN**
Exposé à la Lutherhalle de Wittenberg, ce portrait de l'initiateur du mouvement protestant a été réalisé par Lucas Cranach l'Ancien, qui devint portraitiste à la cour de l'électeur de Saxe, Frédéric le Sage, puis bourgmestre de Wittenberg, patrie du luthéranisme.

ALLEMAGNE Église et monastère des Augustins, Erfurt; Église du château, Lutherstadt Wittenberg; château de Warburg, Warburg; **É.-U.** Église évangélique luthérienne de Saint-Jean/première Église évangélique luthérienne d'Allemagne, Newark, New Jersey; Église luthérienne du Sauveur ressuscité – Synode du Missouri, Wichita, Kansas

Anglicanisme

Le terme «anglicanisme» désigne les fidèles, les institutions et les églises, ainsi que les traditions liturgiques et les concepts théologiques professés par l'Église d'Angleterre établie.

ARCHEVÊQUE SAINT AUGUSTIN († env. 605); THOMAS CRANMER (1489-1556); SA MAJESTÉ HENRI VIII (1509-1547); ROWAN WILLIAMS (1950-)

anglo-catholique; Communion anglicane; Livre de la prière commune succession apostolique

Confession chrétienne majeure comptant plus de soixante-dix millions de fidèles, la Communion anglicane regroupe entre autres l'Église épiscopalienne des États-Unis d'Amérique et l'Église de l'Inde du Sud. Tout en reconnaissant que la dénonciation de l'autorité papale par Henri VIII a abouti à l'indépendance de l'Église d'Angleterre, les anglicans font valoir que leur Église s'inscrit dans la continuité et l'héritage d'avant la Réforme. Leur chef spirituel est l'archevêque de Cantorbéry, garant de la succession apostolique, à l'instar du pape. Les anglicans assurent que le grand saint Augustin fut le premier archevêque de Cantorbéry.

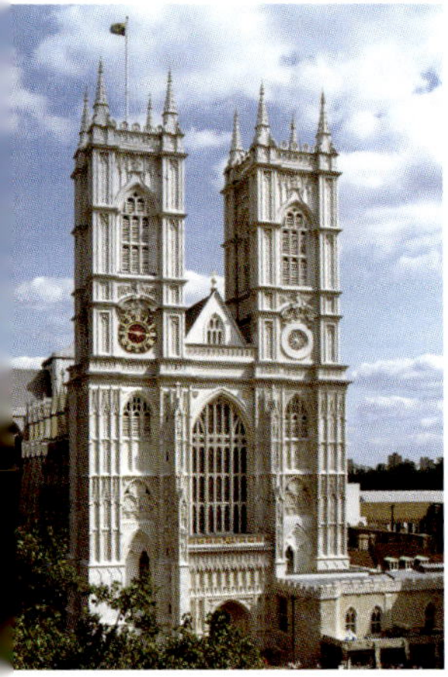

Nombre d'anglicans ne se considèrent pas comme protestants, même si leur foi fut fortement influencée par les théologies protestantes du calvinisme et de l'évangélisme sous l'épiscopat de Cranmer, archevêque de Cantorbéry et auteur en 1549 du *Book of Common Prayer* (Livre de la prière commune). En matière de liturgie, les pratiques de l'Église anglicane, et particulièrement des Hautes Églises anglicanes, se rapprochent de celles du catholicisme romain. Bien des Églises se revendiquent anglo-catholiques et non protestantes.

Jadis nommé par le monarque, l'archevêque de Cantorbéry est désormais désigné par le Premier Ministre britannique au nom du souverain. Rowan Williams, en place actuellement, est le premier à ne pas être issu de l'Église d'Angleterre. Chargé de coordonner les affaires de la Communion anglicane, il réside au Lambeth Palace, à Londres.

Des dissensions agitent depuis peu la Communion anglicane, notamment au sujet de l'ordination des femmes, des questions concernant les homosexuels (pactes civils notamment), de l'ordination des prêtres homosexuels et du concept de guerre juste. L'éclatement de ce vaste mouvement religieux a pu être évité grâce à des compromis.

→ *Saint Michel et le diable*, 1958, JACOB EPSTEIN
La sculpture d'Epstein représentant saint Michel terrassant le diable garde l'entrée de la cathédrale de Coventry, reconstruite après avoir été bombardée par la Luftwaffe durant la Seconde Guerre mondiale.

← Abbaye de Westminster, Londres
Édifiée au XIIIe siècle par le roi Henri III, ce chef-d'œuvre architectural est depuis lors le lieu où les monarques sont couronnés. L'abbaye de Westminster abrite les tombes des rois et des reines britanniques, ainsi que les monuments funéraires de nombreuses personnalités.

INDE Église Saint-Georges le Martyr, Calcutta, Bengale-Occidental; Église Sainte-Marie, Chennai (Madras), Tamil Nadu; **KENYA** Cathédrale du Souvenir, Mombasa; **R.-U.** Cathédrale de Cantorbéry, Cantorbéry, Kent, Angleterre; York Minster, York, Angleterre

Presbytérianisme

Dans le sillage de la Réforme initiée par Martin Luther à Wittenberg, en Allemagne, en 1517, le presbytérianisme s'est appuyé sur les écrits de Jean Calvin, théologien français qui a donné corps aux thèses de la Réforme.

Jean Calvin (1509-1564); John Knox (1514-1572); Andrew Melville (1545-1622); Francis Makernie (1658-1708); Jonathan Edwards (1703-1758)

calvinisme; organisation en congrégations; pasteurs; prédestination; théologie de la Réforme

Presbytérianisme vient du grec *presbuteros*, qui signifie «ancien». L'organisation de l'Église presbytérienne s'appuie sur les anciens (ministres ou pasteurs), qui sont ordonnés et forment le consistoire, assemblée chargée de la discipline, de l'éducation et de la mission de la congrégation au niveau local. Les ministres sont responsables de l'enseignement, du culte et des sacrements, les questions temporelles, financières notamment, étant dévolues aux diacres. Les ministres et les anciens des congrégations constituantes établissent des consistoires régionaux et envoient des représentants aux synodes, ainsi qu'à l'assemblée générale, instance souveraine de la hiérarchie presbytérienne.

L'Église presbytérienne s'est fondée sur le calvinisme, doctrine élaborée par le théologien Jean Calvin. Toutefois, certains dogmes ne font pas l'unanimité, notamment celui de la prédestination (selon laquelle Dieu a choisi ceux qui seront sauvés), et le mouvement s'est scindé en fonction des divers degrés d'adhésion au calvinisme. La majorité des Églises presbytériennes a adopté la Confession de foi de Westminster, d'inspiration calviniste.

John Knox est considéré comme le père du presbytérianisme calviniste en Écosse. Andrew Melville, grand instigateur de l'essor du mou-

vement, s'opposa au retour de l'anglicanisme dans cette région.

L'Église presbytérienne des États-Unis d'Amérique, issue des Églises réformées d'Angleterre, d'Écosse et d'Irlande, compte parmi les plus importantes confessions chrétiennes. Arrivé d'Irlande en 1683, le révérend Francis Makernie instaura la première Église presbytérienne à Philadelphie. Au début du XVIIIe siècle, les révérends Jonathan Edwards et Gilbert Tennent initièrent un grand mouvement de réveil du sentiment religieux.

Dans le droit fil de la théologie de la Réforme, dans les églises presbytériennes, la parole de Dieu est au centre du culte, dépourvu de tout caractère ostentatoire. La lecture de la Bible, le prêche fondé sur l'Écriture, les chants, les prières, les offrandes et les sacrements du baptême et de l'eucharistie ne diffèrent guère des Églises protestantes traditionnelles. Les nouveau-nés peuvent être baptisés et des femmes ont été ordonnées dans la plupart des Églises presbytériennes.

↑ **Cathédrale Saint-Gilles, Édimbourg, Écosse**
Restaurée en 1872, la cathédrale Saint-Gilles, église historique de la ville, est appelée High Kirk of Edinburgh (Haute Église d'Édimbourg). Dédiée à saint Gilles, patron des infirmes et des lépreux, c'est l'église mère du presbytérianisme.

← *La Crucifixion de saint André*, vers 1607, LE CARAVAGE
André est le saint patron de l'Écosse et la croix de Saint-André orne le drapeau écossais. Pourtant, les saints et les reliques ont perdu de leur importance en raison de l'influence du calvinisme en Écosse. Cette huile sur toile est exposée au Musée d'art de Cleveland, en Ohio, aux États-Unis.

CANADA Musée national presbytérien, Toronto; **É.-U.** Église Saint-André, Georgetown, Washington D.C.; **INDE** Église Saint-André, Chennai (Madras), Tamil Nadu; **R.-U.** Maison de John Knox, vieille ville, Édimbourg, Écosse; **ZAMBIE** Mémorial de Livingstone, chutes Victoria

Unitarisme

L'unitarisme est un terme générique qui désigne les confessions réfutant la doctrine de la Trinité. D'après l'unitarisme, Dieu n'est pas trois personnes distinctes (le Père, le Fils et le Saint-Esprit), mais une seule entité.

Michel Servet (1511-1553); Fauste Socin (1539-1604); John Biddle (1615-1662); Joseph Priestley (1733-1804); James Martineau (1805-1900)

humaniste; liberté de pensée; monothéisme; universaliste

Apparu au lendemain de la Réforme en Pologne et en Transylvanie, le mouvement unitarien se propagea dans d'autres régions d'Europe, aux États-Unis et même en Inde. Il se distingue du christianisme orthodoxe par le fait qu'il nie le dogme de la Trinité, selon lequel Dieu est trois personnes distinctes – le Père, le Fils (Jésus) et le Saint-Esprit –, pour ne croire qu'en une seule substance divine. Si les unitariens croient généralement que Jésus est le fils de Dieu, ils pensent qu'il a été engendré et nient son caractère divin. De même, le Saint-Esprit est une puissance créée par Dieu, et non une personne de la Trinité. La bonté intrinsèque de l'humanité étant au centre de leur doctrine, les unitariens ne considèrent pas la mort de Jésus sur la Croix comme rédemptrice ni expiatoire des péchés de l'humanité et ne croient pas en la Résurrection.

En outre, ils ne souscrivent pas aux oppositions entre religion et connaissance, foi et science, sacré et profane, affirmant que tous ces éléments sont issus d'une réalité unique. Ils incarnent la liberté de pensée religieuse, où s'entrecroisent humanisme, christianisme et universalisme.

Michel Servet, d'origine espagnole, brûlé sur le bûcher en 1553 pour avoir nié la Trinité, devint leur premier martyr. Fauste Socin, contemporain de Jean Calvin, est reconnu comme le père de l'unitarisme, tandis que John Biddle, originaire du Gloucestershire, fonda le mouvement en Angleterre. Le célèbre scientifique Joseph Priestley fut une figure éminente de l'unitarisme au XVIIIe siècle et James Martineau, intellectuel et philo-

sophe reconnu, fut un remarquable pasteur et conférencier.

Les unitariens prêchent en faveur de l'égalité des hommes et des femmes et emploient un langage inclusif lors du culte. Faisant fi d'une liturgie et de rituels établis, les offices proposent des lectures de nombreux écrits, parfois extérieurs à la Bible, et sont ponctués de silences, d'hymnes et de chants.

↑ **Temple de l'Unité, Lake Street, Oak Park, Chicago, Illinois, É.-U.**
Église congrégationaliste unitarienne fondée en 1871, ce bâtiment est l'œuvre de l'architecte Frank Lloyd Wright, qui était membre de la congrégation. Selon ses propres termes, le style radical exprime « l'unité, la vérité, la beauté, la simplicité, la liberté et la raison » de l'universalisme unitarien.

← **The Lace Centre, Nottingham, Angleterre**
Désormais musée de la Dentelle, ce remarquable exemple de l'architecture du XIVe siècle fut jadis une chapelle unitarienne où le célèbre poète Samuel Taylor Coleridge prêchait et où se rendait lord Byron, autre poète de renom.

ESPAGNE Serveto, Aragon (berceau de la famille de Michel Servet); **É.-U.** Première Église unitarienne, South Side, Chicago, Illinois; Église universaliste unitarienne, Province Town, Massachusetts; **INDE** Siège des unitariens (Brahmo Samaj), Calcutta, Bengale-Occidental; **R.-U.** Maison de Joseph Priestley, Bethnal Green, Londres

Baptisme

À l'instar des protestants évangéliques, les baptistes mettent l'accent sur le baptême par immersion des croyants (adultes), sur profession personnelle de leur foi en Jésus-Christ, leur Seigneur et Sauveur.

Henry Jacob (1563-1624); **John Smyth** (1570-1612); **John Bunyan** (1628-1688); **John Spilsbury** (XVIIe siècle); **Andrew Fuller** (1754-1815); **William Carey** (1761-1834)

autorité des Écritures; baptême des adultes; organisation en congrégations; sacerdoce universel

Au XVIIe siècle, en Angleterre, certains chrétiens partisans d'une organisation en congrégations quittèrent l'Église d'Angleterre, Église d'État dotée d'une structure hiérarchique. Le baptême des adultes devint alors le signe d'entrée dans l'Église. En 1609, John Smyth conduisit un groupe de fidèles aux Pays-Bas pour y fonder la *General Baptist Church* (baptistes généraux), tandis qu'en 1616, Henry Jacob, suivi par une assemblée de puritains d'inspiration calviniste, forma sous l'égide du pasteur John Spilsbury la *Particular Baptist Church* (baptistes particuliers). Quelques années plus tard, des adeptes de ces deux mouvements, fuyant les persécutions religieuses en Angleterre et en Europe, embarquèrent pour l'Amérique, où ils fondèrent des Églises baptistes. L'Union baptiste de Grande-Bretagne, établie au XIXe siècle par Andrew Fuller et William Carey, finit par rassembler ces diverses branches.

John Bunyan, auteur du *Voyage du pèlerin*, célèbre allégorie chrétienne publiée en 1678, compte parmi les baptistes les plus renommés. Il écrivit ce classique à la prison de Bedford, alors qu'il était incarcéré pour avoir organisé un service religieux non autorisé.

Organisées en congrégations locales, les Églises baptistes jouissent d'une grande autonomie. Elles se regroupent souvent en fédérations, comme la Convention baptiste du Sud (*Southern Baptist Convention*) aux États-Unis, première union baptiste du monde.

Le baptême des adultes sur profession de leur foi en Jésus-Christ, leur Seigneur et Sauveur, constitue un rite fondamental. L'immersion totale dans l'eau symbolise la transformation intérieure qui a déjà eu lieu grâce à la foi; aussi le baptême des petits enfants n'est-il pas reconnu. La Bible est l'unique autorité, contrairement à d'autres confessions qui privilégient la succession apostolique et la tradition religieuse. Le sermon est par conséquent l'élément essentiel du culte baptiste, la musique et les prières y étant pleinement intégrées. La communion est elle aussi inféodée au sermon; dans la plupart des églises baptistes, du vin sans alcool est alors servi, afin de respecter l'enseignement historique de tempérance et d'abstinence.

Le pasteur baptiste est chargé en tout premier lieu de l'accompagnement moral des membres de sa congrégation, c'est-à-dire de l'application de la Bible dans leur vie. Les baptistes, dans l'ensemble, adhèrent au sacerdoce universel: le pasteur n'est pas une personnalité spéciale de la congrégation, mais un guide sur le chemin de la spiritualité.

Baptême du Christ, vers 1470, ANDREA DEL VERROCCHIO ET LÉONARD DE VINCI

L'Esprit saint descend sur le Christ sous la forme d'une colombe, alors qu'il est baptisé par saint Jean-Baptiste, et que deux anges portent ses vêtements. Léonard de Vinci n'avait que 20 ans lorsqu'il contribua pour son maître, Verrocchio, à ce retable (détrempe et huile sur bois), exposé à la galerie des Offices de Florence, en Italie.

Église baptiste Ebenezer, Atlanta, É.-U.

Célèbre église d'Atlanta, ville du sud des États-Unis, l'église baptiste Ebenezer est réputée pour son action menée de longue date au niveau local. Le révérend Dr Raphaël Gamaliel Warnock – théologien et pasteur recherché et pacifiste de premier plan – y officie.

ALLEMAGNE Église baptiste Crossway International, Berlin; **CANADA** Église baptiste de Middle Sackville, Sackville, Nouveau-Brunswick; **INDE** Université de Serampore, Calcutta, Bengale-Occidental; **R.-U.** Regents Park College, Université d'Oxford, Oxford, Angleterre; Spurgeon's Missionary College, South Norwood, Londres

Quakers

La Société des Amis (ou quakers) fut fondée en Angleterre en 1652 par George Fox et d'autres dissidents, puritains et séparatistes ne s'identifiant pas aux confessions et sectes qui existaient au sein du christianisme.

Margaret Fell (1614-1702); James Naylor (1618-1660); George Fox (1624-1691); William Penn (1644-1718); Isaac Pennington (1745-1817)

droiture; méditation; pacifisme; puritanisme; séparatisme

Les quakers comptent parmi les nombreux groupes dissidents, non conformistes et libres-penseurs, apparus au XVIIe siècle en Angleterre, dont l'objectif principal était le «réveil» de la religion, de la morale et des comportements. Ils croyaient en la primauté du Christ sur l'Église, le sacerdoce et la parole, et étaient convaincus que «dans l'attente du Seigneur» ils parviendraient à connaître la volonté de Dieu en communiquant directement avec Lui.

George Fox était un personnage charismatique, audacieux et visionnaire, qui aurait eu des pouvoirs de guérison. Il fédéra les quakers au sein d'un mouvement, avec l'aide de Margaret Fell, originaire de Swarthmoor Hall, près d'Ulverston, comté de Cumbrie (Angleterre). Ce site devint par la suite un centre important du réseau spirituel, administratif et d'échanges des quakers. Parmi les quakers de renom, citons également William Penn, qui fonda une communauté sur la terre qu'il reçut, à l'ouest du New Jersey (la Pennsylvanie, aux États-Unis), en compensation d'une dette contractée par le roi Charles II d'Angleterre envers son père, amiral célèbre. Quant à James Naylor, ancien soldat profondément religieux, il jeta le discrédit sur les quakers en entrant triomphalement dans Bristol sur le dos d'un âne, à l'image de Jésus-Christ. Promoteur et défenseur influent du mouve-

ment, Isaac Pennington fut emprisonné à maintes reprises du fait de ses croyances. Ses œuvres complètes furent publiées pour la première fois en 1681. Les quakers se distinguent par leur mode de vie vertueux, la simplicité de leurs manières, de leur style de vie et de leur discours et leur attachement au pacifisme. Jadis, ils se singularisaient aussi par leur aversion pour la musique et leur refus de se découvrir par déférence. En temps de guerre, notamment au cours de la Première Guerre mondiale, plusieurs quakers ont été incarcérés pour objection de conscience. Le mouvement s'illustre encore de nos jours par ses activités en faveur de la paix.

Selon nombre de quakers, leur foi ne se range pas dans les catégories traditionnelles du catholicisme, de l'orthodoxie ou du protestantisme, mais est l'expression d'une autre manière de faire l'expérience de Dieu dans leurs vies. Les réunions de culte se déroulent dans le silence, interrompu si les membres souhaitent prendre la parole ou livrer un témoignage. Ne suivant que rarement un programme, elles sont dépourvues de lectures des Écritures et d'hymnes chantées.

↑ **Maison d'assemblée Third Haven, Easton, Maryland, É.-U.**
Nichée dans les arbres, cette maison d'assemblée revêt une grande importance historique au Maryland. Elle fut bâtie en 1682 près des sources du Tred Avon Creek afin d'accueillir les réunions mensuelles de la Société des Amis.

← **Statue de William Penn, mairie de Philadelphie, Pennsylvanie, É.-U.**
Philadelphie, qui signifie « amour fraternel », fut la première ville quaker d'Amérique, fondée par William Penn et les premiers colons. De nombreux quakers fuyant les persécutions en Europe y trouvèrent refuge.

É.-U. Musée quaker Llewelyn, Salem, Oregon; cottage de William Penn, Fairmont Park, Philadelphie; **R.-U.** Tombe de George Fox, cimetière quaker, Bunhill Fields, Londres; Maison d'assemblée quaker, Bunhill Fields, Londres; Swarthmoor Hall, près d'Ulverston, Cumbria, Angleterre

Congrégationalisme

Le congrégationalisme repose sur l'idée que chaque Église ou assemblée est libre de se gouverner et de conduire ses propres affaires. Ne reconnaissant que le magistère de Jésus, les congrégationalistes se passent d'évêques, de prêtres et de pasteurs.

Robert Browne (1550-1633); John Robinson (1576-1625); Thomas Goodwin (1600-1679); Jonathan Edwards (1703-1758)

autonomie; égalitarisme; égalité; indépendance; protestantisme

Le congrégationalisme est issu de la Réforme en Grande-Bretagne. Robert Browne en a établi les fondements en 1582. Les Églises congrégationalistes privilégient l'autonomie et l'indépendance de leurs congrégations, et furent à l'origine appelées « Églises indépendantes », terme toujours en usage au pays de Galles. Les pasteurs, les formateurs, les anciens et les diacres sont désignés par la congrégation et non par l'échelon supérieur d'une quelconque hiérarchie.

Au XVIIe siècle, l'hostilité du gouvernement envers les Églises séparatistes contraignirent nombre de leurs membres à s'exiler en Hollande. Thomas Goodwin, brillant universitaire et prédicateur non conformiste, se réfugia à Arnhem, où il s'établit comme ecclésiastique. John Robinson, lui aussi réfugié en Hollande, promut ardemment l'idée que les Églises individuelles devaient se composer de chrétiens engagés, indépendants de toute autorité séculière ou ecclésiastique. Sous le protectorat de Cromwell, qui soutenait les indépendants, le mouvement commença à prendre de l'essor, jusqu'à la restauration de la monarchie, marquée par la recrudescence de la répression.

En Angleterre, la tendance privilégiant la constitution de congrégations plus grandes, congrégationalistes et presbytériens se rassemblèrent au sein de l'Église réformée unie en 1972.

En Hollande, les congrégationalistes émigrèrent avec les Pères pèlerins en Amérique, où le mouvement connut son apogée. Jonathan Edwards, pasteur des plus fervents et inspirés, initia un grand réveil du congrégationalisme aux États-Unis en 1733. Le grand Conseil national des Églises congrégationalistes des États-Unis (*National Council of the Congregational Churches of the United States*) fut fondé en 1871 et, conformément aux principes congrégationalistes, chacune de ses Églises est libre d'élaborer sa propre déclaration de foi et son propre culte. En 1931, un certain nombre de congrégationalistes rejoignirent les Églises du Christ (assemblées chrétiennes autonomes inspirées de l'Église primitive) pour former l'Église unie du Christ.

Accordant une large place à l'étude, les congrégationalistes ont fondé des institutions éducatives, dont les universités Harvard et Yale aux États-Unis.

↓ **Église congrégationaliste de Stoddard, Stoddard, New Hampshire, É.-U.**
Bâtie en 1787, l'église est sise dans un environnement pittoresque, dans la petite ville de Stoddard. Devant le bâtiment actuel, achevé en 1836, se dresse un mémorial dédié aux combattants de la guerre civile américaine.

É.-U. Beecher Bible and Rifle Church (congrégationaliste/ Église unie du Christ), Wabaunsee, Kansas; Première église congrégationaliste, Marion, Ohio; **NOUVELLE-ZÉLANDE** Église de la Société missionnaire de Londres, Rarotonga, îles Cook; **R.-U.** Église congrégationaliste Albany, Haverfordwest, Pembrokeshire, pays de Galles; Église congrégationaliste Castle Green, Bristol, Angleterre

Portrait d'Oliver Cromwell, **vers 1649, ROBERT WALKER**
Ce célèbre portrait d'Oliver Cromwell est exposé à la National Portrait Gallery de Londres. En sa qualité de lord-protecteur d'Angleterre, d'Écosse et d'Irlande, Cromwell dirigea quasiment le pays de 1653 à 1658. Il soutenait les indépendants, nom donné à l'époque aux congrégationalistes.

Amish

Communauté protestante extrêmement conservatrice implantée principalement aux États-Unis, les amish sont surtout connus pour leur style de vie austère et leur refus des « mirages » du monde moderne.

MENNO SIMONSZ (1496-1561); JACOB AMMAN (1644-1708); JOSEPH STUCKEY (1826-1902); MOSES M. BEACHY (1874-1946)

austérité; exclusivisme social; pacifisme; patriarcat; primauté des Écritures

Les amish, du nom de leur fondateur Jacob Amman, sont une branche d'une communauté religieuse connue en Europe sous le nom de mennonites, du nom de leur dirigeant Menno Simonsz.

Au XVIIIe siècle, nombre d'amish émigrèrent en Amérique, fuyant les persécutions religieuses, et s'installèrent pour la plupart en Pennsylvanie. En 1927, un groupe de dissidents, les *Beachy Amish*, disciples de l'évêque Moses M. Beachy, assouplirent certaines règles de leur mode de vie rigoureux, autorisant l'usage de l'électricité et des voitures. Un autre groupe s'était déjà dissocié dans le sillage de l'évêque Joseph Stuckey, qui prônait le salut universel – tous les êtres humains seront sauvés.

On estime que cent quatre-vingt mille amish vivent aux États-Unis, dont la majorité dans l'État de l'Ohio.

Ils se distinguent par leur pacifisme (ils furent objecteurs de conscience durant la guerre d'indépendance américaine, la guerre de Sécession et les deux guerres mondiales), la préservation de la culture rurale européenne et le refus des « mirages » culturels de la vie moderne américaine. Ils évitent les technologies modernes telles que l'électricité, les voitures, la radio et la télévision, et l'agriculture est leur principale activité. Ils s'habillent de simples habits noirs et les hommes portent de longues barbes, mais pas de moustaches, pour éviter toute association avec les militaires. Ils ne contractent aucune assurance, s'en remettant à la solidarité de la communauté et au soutien de leur Église.

Les amish parlent le *Deutsch* (allemand), qui est en fait un mélange d'allemand et de suisse-allemand, désigné comme «l'allemand de Pennsylvanie» par les Américains extérieurs à la communauté – «les Anglais» pour les amish.

Ils se réunissent dans des maisons du culte et ont une lecture très littérale de la Bible – à l'instar d'autres Églises évangéliques. Les Églises amish sont autonomes et leurs évêques, pasteurs et diacres sont élus à vie.

Généralement endogames (ils se marient au sein de leur communauté), les amish seraient frappés par des affections génétiques. Ils ne pratiquent aucune forme de contrôle des naissances et les couples élèvent des familles nombreuses.

← **Ferme amish**
Cette photographie illustre parfaitement le caractère paisible d'une ferme amish, où les équipements anciens, notamment les chariots, sont à l'honneur. Les amish rejettent la technologie moderne, censée corrompre leur mode de vie pur et pieux.

↓ **Roue hydraulique, village amish, comté de Lancaster, Pennsylvanie, É.-U.**
Soucieux de préserver leur mode de vie originel, les amish préfèrent les équipements anciens aux technologies modernes comme l'électricité, ce qu'illustre cette roue hydraulique photographiée dans un village amish.

É.-U. Communautés amish, Lancaster, comté de Lancaster, Pennsylvanie; Villages amish, Arcola, Illinois; Maison amish des Hershbergers et magasin d'alimentation et d'artisanat de Hillside, Baltic, Ohio

Églises épiscopaliennes

Du latin *episcopus* (évêque), l'adjectif épiscopal qualifie le système de gouvernement de l'Église par des évêques.

JOHN SAGE (1652-1711); JOHN SKINNER (1721-1807); SAMUEL SEABURY (1729-1796); PATRICK CAMPBELL RODGER (1920-2002)

anglicanisme; épiscopat; démocratique; œcuménique; succession apostolique

Les adjectifs épiscopalien et anglican sont synonymes, les Églises anglicane et épiscopalienne étant régies par des évêques, qui se disent descendants des apôtres. Le principe de la succession apostolique étant maintenu, ils sont ordonnés par au moins trois évêques. Épiscopalien est préféré à anglican lorsqu'il y a volonté d'affirmer son autonomie et de se distinguer de l'Église d'Angleterre. Toutefois, la plupart des Églises épiscopaliennes sont membres de la Communion anglicane et certaines Églises méthodistes sont aussi épiscopaliennes. Les Églises épiscopaliennes comme les unions de l'Église de l'Inde du Sud, de l'Église de l'Inde du Nord et de l'Église du Pakistan, sont œcuméniques.

L'Église épiscopalienne des États-Unis fut fondée par l'évêque Samuel Seabury, ordonné en 1784 par un évêque de l'Église épiscopalienne écossaise, à Aberdeen. L'Église d'Angleterre avait refusé de l'ordonner, la loi interdisant aux évêques anglais de consacrer quiconque n'avait pas prêté serment d'allégeance à la Couronne. Le mouvement épiscopalien prospéra aux États-Unis, où il compte aujourd'hui deux millions trois cent mille membres. Tous les trois ans, une convention réunit l'assemblée des évêques et l'assemblée des pasteurs.

L'évêque John Sage, éminent spécialiste des pères de l'Église primitive chrétienne, et John Skinner, historien et auteur-compositeur, marquèrent la période postrévolutionnaire. Autre illustre épiscopalien, l'œcuméniste Patrick Campbell Rodger, de l'Église épiscopalienne écossaise, devint évêque d'Oxford et œuvra au sein du Conseil mondial des Églises.

Au sein de l'Église épiscopalienne écossaise, les évêques sont élus par un synode d'évêques, d'ecclésiastiques et de laïcs, alors que dans l'Église anglicane ils sont nommés par le gouvernement. Le collège des évêques constitue le synode épiscopal – cour d'appel suprême – qui élit parmi ses membres un évêque président qui prend le titre de primat (de *primus inter pares*, «premier entre les égaux»). Aujourd'hui, les épiscopaux sont très minoritaires en Écosse.

En Inde et au Pakistan, les Églises épiscopaliennes élisent un modérateur du synode central, désigné parmi les évêques des diocèses électeurs.

En matière de doctrine et de pratiques, les Églises épiscopaliennes suivent la tradition anglicane. Toutefois, dans les unions œcuméniques, comme en Inde et au Pakistan, une liturgie commune s'est constituée, intégrant des éléments des diverses confessions représentées.

Portrait de Samuel Seabury, 1785, RALPH ELEASER WHITESIDE EARL
Premier évêque de l'Église épiscopalienne des États-Unis, il fut ordonné par l'Église épiscopalienne écossaise, ce qui a contribué à ce que les Églises anglicanes outre-Atlantique se nomment «épiscopaliennes». Ce portrait de Samuel Seabury se trouve à la National Portrait Gallery, Smithsonian Institution, Washington D.C.

↓ Cathédrale de Cantorbéry, Cantorbéry, Kent, Angleterre
Datant de l'époque saxonne, c'est la plus ancienne cathédrale d'Angleterre, dont le premier archevêque fut saint Augustin. Siège du primat de l'ensemble de la Communion anglicane, c'est un grand symbole de l'épiscopat dans le monde. Son nom officiel est Cathédrale et Église métropolitaine du Christ à Cantorbéry (*Cathedral and Metropolitical Church of Christ at Canterbury*).

É.-U. Université catholique d'Amérique, Washington D.C.; **R.-U.** Bishopthorpe Palace, près de York, Angleterre; Cathédrale de l'Église du Christ, Oxford, Angleterre; Lambeth Palace, Londres; York Minster, York

Méthodisme

Né au XVIIIe siècle au sein de l'Église anglicane, le mouvement méthodiste cherchait à rallier les classes ouvrières à l'Église chrétienne.

JOHN WESLEY (1703-1791); CHARLES WESLEY (1707-1788); GEORGE WHITEFIELD (1714-1770); THOMAS COKE (1747-1814)

considérations pratiques; discipline; fondement biblique; importance des laïcs; vertu

Les frères John et Charles Wesley fondèrent le mouvement méthodiste en Angleterre au XVIIIe siècle, après avoir pris conscience de la réticence des pauvres et des classes ouvrières à se rendre aux offices anglicans, les jugeant dédiés aux classes moyennes et à la haute bourgeoisie. À l'origine, le terme «méthodiste» était un surnom péjoratif donné à une petite association d'étudiants anglicans de l'université d'Oxford, dont les Wesley étaient membres, qui se distinguaient par leur mode de vie discipliné, sobre et méthodique. Jugeant l'Église anglicane apathique, les frères Wesley souhaitaient insuffler une nouvelle ferveur aux pratiques chrétiennes, grâce à une prédication enthousiaste destinée aux plus démunis, souvent en plein air. Les méthodistes fondent leurs croyances sur vingt-huit articles de foi, sans toutefois rompre radicalement avec ceux de l'Église anglicane, qui excommunia pourtant les premiers fidèles.

John Wesley professait une doctrine du salut pour tous, contrairement à la doctrine calviniste de la prédestination adoptée par l'Église anglicane, et mettait l'accent sur la sanctification, selon laquelle les vrais chrétiens vivent dans la pureté et loin du péché. Il croyait que les chrétiens pouvaient atteindre un état de perfection morale au cours de leur vie terrestre. Les laïcs méthodistes ont un rôle plus important et s'impliquent davantage dans les activités de l'Église qu'au sein de l'Église anglicane.

Originaire de Gloucester, en Angleterre, George Whitefield contribua grandement à la diffusion du mouvement. Thomas Coke, que Wesley considérait comme son successeur, organisa en grande partie l'Église méthodiste aux États-Unis. Le méthodisme se divise actuellement en divers courants, dont les méthodistes primitifs, les chrétiens de la Bible, l'Union réformatrice wesleyenne (*Wesleyan Reform Union*) et les Églises méthodistes libres unifiées (*United Methodist Free Churches*), qui se distinguent par de minces divergences en termes de doctrine et de pratique rituelle. L'accent étant mis sur les aspects pratiques de la religion, une formation théologique approfondie était à l'origine considérée comme superflue. Les pasteurs étaient choisis pour leur ferveur religieuse plutôt que pour leur compétence théologique. Plus tard, des écoles théologiques furent cependant créées (la première en 1834), ainsi qu'une université méthodiste à Washington D.C. en 1890.

Methodist Central Hall, Westminster, Londres
Conçu par Edwin Alfred Rickards, cet imposant bâtiment fut construit par l'Église méthodiste en 1891 pour célébrer le centenaire de la mort de John Wesley. Il accueille des conférences et des expositions.

Statue de John Wesley, chapelle Wesley, Londres
Cette statue se dresse devant la chapelle de Wesley, appelée cathédrale du méthodisme mondial, face au cimetière de Bunhill Fields, où sont enterrés nombre de dirigeants d'Églises non conformistes. Il s'agit d'un bronze coulé à partir de la statue de marbre sculptée par Samuel Manning en 1831, que l'on peut admirer au Methodist Central Hall, à Westminster.

CANADA Dundas Street Centre United Church, London, Ontario; **É.-U.** Église méthodiste unifiée de Perry Hall, Perry Hall, Baltimore, Maryland; Église méthodiste unifiée de Spring Valley, Dallas, Texas; **R.-U.** Musée du méthodisme, chapelle Wesley, Londres; Wesley Memorial Church, Oxford, Angleterre

Témoins de Jéhovah

Les témoins de Jéhovah mettent l'accent sur l'unicité de Dieu, Jéhovah, et réfutent la Trinité. Ardents évangélisateurs, ils font grand cas de la loyauté et de l'engagement des membres envers leur enseignement, ce qui leur vaut d'être considérés comme une secte par certains chrétiens.

Charles Taze Russell (1852-1916); Joseph Franklin Rutherford (1869-1942); Nathan Homer Knorr (1905-1977); Don A. Adams (1925-)

évangélisme; interdits; pacifisme; primauté des Écritures; unitarisme

Pour les témoins de Jéhovah, Jéhovah est le seul vrai Dieu et Jésus est l'incarnation de l'archange Michel – première création de Dieu par laquelle toutes autres choses dans le monde, y compris les êtres humains, ont été engendrées. L'Esprit saint est la force active de Dieu dans le monde, et non une autre entité ou personne émanant de Dieu.

Depuis leur création, les témoins de Jéhovah proclament la seconde venue de Jésus, qui est mort sur un poteau de supplice, et non sur une croix, pour le salut de l'humanité, et ressuscité corps spirituel. Il reviendra fonder le royaume de Dieu sur terre au jour du combat ultime qui opposera Jésus aux puissances des ténèbres, sur la montagne symbolique de l'Harmaguedôn. Ceux qui n'ont pas suivi leur parole seront détruits; une multitude de fidèles vivront éternellement sur la terre redevenue paradis, tandis que cent quarante-quatre mille élus rejoindront le royaume céleste. Fondateur du mouvement, Charles Taze Russell fut inspiré par les adventistes, notamment par Jonas Wendell, qui annonçait le retour du Christ pour 1874. Cette présence ne se matérialisant pas, Russell affirma que le Christ était bien revenu, de manière invisible, et qu'il établirait le royaume de Dieu à partir de 1914.

C'est sous la présidence de Joseph Franklin Rutherford que le mouvement initialement appelé les étudiants de la Bible prit le nom de témoins de Jéhovah. Quant au président Nathan Homer Knorr, il mit l'accent sur l'éducation, notamment sur la formation des missionnaires. Le président actuel est Don Adams, qui fut secrétaire de Nathan Knorr.

Les témoins de Jéhovah se distinguent par leur interdiction de toute transfusion de sang (bien que les transfusions de substances sanguines comme le plasma soient autorisées) et par leur pacifisme, qui leur valut d'être incarcérés en nombre durant les deux guerres mondiales. Prendre part à la politique, voter aux élections, saluer le drapeau national et chanter l'hymne national sont des actes interdits, tout comme l'avortement, l'homosexualité, l'adultère, l'ivrognerie et le jeu, qui peuvent mener à l'exclusion du membre incriminé.

Les évangélisateurs du mouvement, ou proclamateurs, se vouent tout particulièrement à diffuser leurs croyances, et vont de porte en porte parler aux gens et distribuer les revues *La Tour de garde* et *Réveillez-vous!*. Les femmes peuvent prendre part à cette activité, mais ne sont pas appelées à des rôles de direction au sein de l'Église et du culte.

Création des astres, 1512, MICHEL-ANGE
Ce détail du plafond de la chapelle Sixtine, à Rome, imposante œuvre phare de Michel-Ange, montre Dieu en train de créer l'univers, ce qu'il a fait, d'après les témoins de Jéhovah, par l'entremise de l'archange Michel.

Adam et Ève chassés du paradis terrestre, 1740, CHARLES-JOSEPH NATOIRE
Achevée en 1740, cette huile sur cuivre de Charles-Joseph Natoire est conservée au Metropolitan Museum of Art de New York. Elle dépeint Dieu qui accuse Adam et Ève se repentant près de l'arbre de la connaissance de lui avoir désobéi en mangeant le fruit défendu.

ANGUILLA Salle du Royaume des témoins de Jéhovah ; **É.-U.** Salle du Royaume, Sky Ranch, près de St George, Utah ; Watch Tower Bible and Tract Society, Brooklyn, New York ; **IRLANDE** Salle du Royaume, comté de Dublin ; **ROUMANIE** Salle du Royaume, Bucarest

Mormons

Le mormonisme est un terme générique désignant les Églises d'origine récente qui affirment avoir rétabli le véritable christianisme, dont la principale est l'Église de Jésus-Christ des saints des derniers jours.

Brigham Young (1801-1877); Joseph Smith Jr (1805-1844); Oliver Cowdery (1806-1850); Gordon B. Hinckley (1910-)

baptême pour les morts; Livre de Mormon; polygamie; préexistence; rétablissement

L'Église de Jésus-Christ des saints des derniers jours fut fondée par Joseph Smith Jr, originaire du Vermont, aux États-Unis. En 1820, alors qu'il n'avait que 15 ans, il affirme que Dieu le Père et son Fils Jésus-Christ lui apparurent. À 17 ans, il reçut la visite d'un messager céleste, Moroni, qui lui révéla l'existence d'un évangile caché, rédigé sur des plaques d'or par le prophète Mormon. Ces textes mystérieux, appelés livre de Mormon, ont ensuite été transcrits en anglais par Oliver Cowdery, devenant ainsi Écritures saintes au cœur de la foi mormone.

Selon les mormons, ils appartiennent à la véritable Église du Christ, toutes les autres confessions chrétiennes orthodoxes s'étant compromises, et sont les seuls à posséder les vraies Écritures. Ils proclament que Dieu le Père et Dieu le Fils ont un corps de chair et d'os, ainsi que la préexistence de tous les êtres humains sous la forme d'esprits, ce qu'ils redeviendront après la mort. Une fois ressuscités, ils accèdent à des degrés de gloire, tandis que ceux qui ont délibérément choisi de suivre Satan vont en enfer. À l'instar des catholiques romains, les mormons croient qu'il existe un lieu de repentance après la mort (la prison des

esprits), où chacun peut faire acte d'expiation et mériter le salut. En outre, un mort peut être baptisé par procuration: un mormon peut recevoir le sacrement du baptême en faveur d'une personne décédée, notamment en faveur d'un ancêtre mort sans avoir entendu le véritable Évangile rétabli par l'Église, ce qui est considéré comme un acte d'amour.

Deuxième prophète et président de l'Église de Jésus-Christ des saints des derniers jours, Brigham Young prônait et pratiquait la polygamie, ce que désapprouvent bon nombre de mormons. Gordon B. Hinckley préside actuellement le mouvement.

Le dimanche, les mormons se réunissent dans des chapelles, où ils célèbrent l'eucharistie avec du pain et de l'eau. Des fidèles livrent ensuite quelques sermons, tandis que des cantiques sont chantés tout au long du culte.

↑ **Temple de Salt Lake, Salt Lake City, Utah, É.-U.**
Premier temple mormon, le temple de Salt Lake fut édifié en 1847 par le dirigeant mormon Brigham Young, qui avait fui les persécutions. Salt Lake City est le siège mondial de l'Église de Jésus-Christ des saints des derniers jours.

← **Temple St George Utah, St George, Utah, É.-U.**
Consacré en 1871, ce temple fut également construit par des pionniers mormons sous l'égide de Brigham Young. Bâti avec la pierre volcanique descendue des crêtes entourant la ville, il témoigne du dévouement des pionniers mormons.

Temple mormon de San Diego, La Jolla, Californie, É.-U.
Ce bâtiment imposant, tout droit sorti d'un conte de fées, s'élance à 58 m de hauteur. Consacrés à Dieu, les temples mormons sont réservés à des formes particulières de culte. Les offices hebdomadaires se déroulent dans des chapelles.

AUSTRALIE Temple mormon, Carlingford, Nouvelle-Galles du Sud; **É.-U.** Demeure de Joseph Smith, Nauvoo, Illinois; Maison de Brigham Young, Salt Lake City, Utah; Musée d'histoire religieuse et d'art, Salt Lake City, Utah; **R.-U.** London England Temple, Newchapel, Surrey, Angleterre

Église adventiste du 7ᵉ jour

Apparus aux États-Unis dans les années 1840, les adventistes du septième jour, comme leur nom l'indique, célèbrent le sabbat le septième jour de la semaine – le samedi – et non le dimanche, considéré comme le premier jour.

William Miller (1782-1849); Joseph Bates (1792-1872); Rachel Oakes Preston (1809-1868); Ellen Gould White (1827-1915)

baptême des adultes; démocratique; évangélisme; Parousie; sobriété; sabbat

En 1831, d'après des calculs fondés sur la Bible, le pasteur baptiste William Miller avait prévu la seconde venue du Christ, ou Parousie, pour le 22 octobre 1844. Ce jour se révélant finalement dénué de tout événement d'importance (la «grande déception» ou le «grand désappointement»), nombre de ses adeptes quittèrent le mouvement. Les fidèles, eux, furent convaincus qu'il s'agissait en fait du jour où le Christ avait commencé à juger le monde, choisissant ceux qui seraient pardonnés, après quoi il reviendrait sur la terre.

Issus du mouvement millénariste, les adventistes du septième jour affirment à présent que l'on ne peut prévoir le jour de la parousie, mais qu'il est imminent et sera précédé d'une période de grands troubles pendant laquelle les disciples du Christ seront persécutés.

Parallèlement à la prédiction de Miller, Joseph Bates et Rachel Oakes Preston proposèrent de maintenir le caractère sacré du septième jour, arguant que le changement de jour du sabbat opéré par la papauté, qui l'avait fixé au premier jour de la semaine, bafouait le quatrième des dix commandements. En 1849, la doctrine de l'Église proclama que le sabbat, qui commence au coucher du soleil le sixième jour de la semaine, devait être observé en tant que jour sacré. Le septième jour, les cérémonies débutent par les vêpres, suivies d'un office le soir. L'étude biblique dans une école du sabbat est particulièrement estimée ce jour-là.

Les adventistes du septième jour adhèrent à la tradition anabaptiste et pratiquent le baptême des adultes par immersion totale. Ils s'abstiennent de consommer de la viande, de l'alcool et du tabac, depuis qu'Ellen Gould White, fondatrice du mouvement aux États-Unis, eut une vision en 1863. D'une manière générale, ils préconisent un mode de vie et un régime alimentaire sains (John Harvey Kellogg fut également l'un des premiers partisans de ce mode de vie).

L'Église adventiste du septième jour se consacre à témoigner de l'Évangile auprès des non-chrétiens et des chrétiens d'autres confessions. Son gouvernement est démocratique. La conférence générale, organe suprême dirigé par un président, tranche les questions de doctrine et d'administration. On estime que l'Église regroupe dix millions de membres à travers le monde.

← **Bâtiment de la conférence générale, Silver Spring, Maryland, É.-U.**
Situé sur un vaste terrain acquis par l'Église des adventistes du septième jour, ce bâtiment de style abrite le siège de la division nord-américaine de l'Église. Construit en 1989, il accueille huit cents employés et dispose de salles de conférences, de réunions et de concerts.

Le Christ et les enfants, 1945, HARRY ANDERSON
Ayant rejoint les adventistes du septième jour en 1944, Harry Anderson offrit généreusement d'illustrer les publications de l'Église pour une rémunération modique, tout en continuant à être extrêmement bien payé pour ses œuvres commerciales. Les adventistes le considèrent comme l'un des plus grands artistes contemporains.

ALLEMAGNE Health Food Company de l'Église adventiste du septième jour, De-Vau-Ge, Lüneburg ; **É.-U.** Maison natale d'Ellen G. White, Gorham, Maine ; Église adventiste du septième jour, Washington, New Hampshire ; Tabernacle de Battle Creek, Michigan ; Société de radiodiffusion Voice of Prophecy, Simi Valley, Californie

Science chrétienne

Fondée par Mary Baker Eddy en Nouvelle-Angleterre, aux États-Unis, l'Église du Christ, Scientiste, ou Science chrétienne, professe que toute matière est illusion et que seuls Dieu et l'esprit ont une réalité absolue. La maladie et le péché sont donc considérés comme irréels et peuvent être surmontés grâce à la prière et la foi.

Robert Peel (1788-1850); Phineas P. Quimby (1802-1866); Mary Baker Eddy (1821-1910); Hiram Croft (1839-1911); E. M. Ramsay (1875-1955)

guérison grâce aux Écritures; monde illusoire; prééminence de l'esprit sur la matière; théisme non orthodoxe

À la suite d'un grave accident en 1866 dans lequel elle perdit l'usage de ses jambes, Mary Baker Eddy, à la lecture de l'histoire biblique de Jésus guérissant un paralytique, fut convaincue que seul Dieu était réel et que la maladie, la peur, la douleur et même le péché étaient des illusions que l'on pouvait guérir en prenant conscience de cette vérité. Confortée dans ses croyances lorsqu'elle-même sembla guérir, à la grande surprise des médecins, elle fonda l'Église du Christ, Scientiste afin de mettre en application ses idées, exposées dans son ouvrage *Science et santé, avec la clef des Écritures* (1934).

On attribue l'origine de la Science chrétienne à des personnalités aussi diverses que le

philosophe allemand Hegel ou qu'un guérisseur du XIXe siècle, Phineas P. Quimby. Selon la doctrine centrale du mouvement, Dieu, pleinement bon et totalement spirituel, a créé toutes choses à son image et à sa ressemblance. Aussi la véritable réalité de notre être et de toute existence est-elle esprit et non matière.

En 1881, Mary Baker Eddy fonda le Collège métaphysique du Massachusetts, à Boston, afin d'enseigner et de diffuser ses convictions sur la guérison par l'esprit (son ami et bienfaiteur Hiram Croft dirigea aussi un certain temps une clinique les mettant en pratique auprès des malades à Taunton, Somerset). L'institution prospéra partout en Amérique et en Europe, malgré les frais élevés demandés pour une session de trois semaines. Pourtant, Mary Baker Eddy ferma le collège huit ans plus tard, ne pouvant plus en assumer la charge. Grâce aux bénéfices tirés de cette vente et de son livre, elle mourut millionnaire – ce que lui reprochent ses détracteurs. Les auteurs scientistes chrétiens E. M. Ramsay et Robert Peel ont livré des ouvrages exhaustifs sur sa vie et son enseignement.

La dénomination Église du Christ, Scientiste porte à confusion, nombre des croyances du mouvement entrant en contradiction avec l'orthodoxie chrétienne. Il n'y a pas de clergé, mais uniquement des praticiens se consacrant à la guérison. Mary Baker Eddy n'appréciant guère les rites et cérémonies élaborés, le culte est très sobre. L'élément central, la leçon-sermon, est constitué de sujets choisis dans son livre et explicités. L'eucharistie n'est pas pratiquée et le repas de communion est censé rappeler, non pas la Cène, mais celui que le Christ ressuscité partagea avec ses disciples sur les rives du lac de Génésareth (Tibériade).

← *Les Aveugles de Jéricho*, 1650, NICOLAS POUSSIN
La guérison d'un aveugle de naissance fut l'un des miracles les plus stupéfiants réalisés par le Christ. Cette huile sur toile de Poussin est conservée au Louvre, à Paris.

↓ **Première Église du Christ, Scientiste, Boston, Massachusetts, É.-U.**
Siège de l'Église du Christ, Scientiste, renommée pour ses publications, notamment *The Christian Science Monitor*. Sur le dôme sont représentés les symboles de la Science chrétienne, la croix et la couronne.

CANADA Église et salle de lecture de la Science chrétienne, Nelson, Colombie-Britannique; **É.-U.** Christian Science Brothers University, Memphis, Tennessee; Bibliothèque du *Christian Science Monitor*, Boston, Massachusetts; Pleasant View (demeure de Mary Baker Eddy), Concord, New Hampshire; **R.-U.** Première Église du Christ, Scientiste, Bedford, Angleterre

Pentecôtisme

Ce terme générique recouvre les Églises appartenant au mouvement de Pentecôte, qui met l'accent sur les dons du Saint-Esprit (comme au jour de la Pentecôte, selon le récit de la Bible), et particulièrement sur le don du parler en langues, ou glossolalie.

Albert Benjamin Simpson (1843-1919); Alexander Dowie (1847-1907); Charles Harrison Mason (1866-1961); William J. Seymour (1870-1922); Révérend Charles Fox Parham (1873-1929)

baptême du Saint-Esprit; culte charismatique; évangélisme; mixité raciale; parler en langues

Le pentecôtisme attira l'attention du monde entier en 1906, lors du « réveil » d'Azusa Street, à Los Angeles, en Californie. C'est là que le pasteur noir américain William J. Seymour, inspiré par le révérend Charles Fox Parham dont il avait suivi l'enseignement à son école biblique de Houston, organisa une réunion un après-midi d'avril. De nombreux participants, selon leur témoignage, reçurent la bénédiction que les pentecôtistes nomment le baptême du Saint-Esprit. Ce baptême procède du don du Saint-Esprit aux apôtres, décrit au chapitre 2 des Actes des Apôtres.

Depuis Azusa Street, le pentecôtisme essaima rapidement dans le monde entier pour constituer une force majeure du christianisme contemporain, qui compte selon les estimations cent cinq millions d'adeptes. Charles Harrison Mason, après avoir reçu la bénédiction du Saint-Esprit à Azusa Street, se rendit à Memphis et fonda l'Église de Dieu en Christ, devenue la première dénomination pentecôtiste dans le monde. Les enseignements d'Albert Benjamin Simpson, de l'Alliance chrétienne et missionnaire, furent également une grande source d'inspiration pour le pentecôtisme.

Les doctrines pentecôtistes sont semblables à celles qui prévalent dans les autres Églises évangéliques traditionnelles, notamment la croyance en la Trinité et en l'inerrance biblique. Toutefois, elles mettent l'emphase sur la continuation du baptême par le Saint-Esprit, dont certains croient qu'il a pris fin aux temps apostoliques, ainsi que sur sa manifestation à travers le parler en langues : ceux qui ne parlent pas en langues n'ont pas reçu la bénédiction (le baptême dans le Saint-Esprit). La guérison est un autre aspect fondamental de la foi pentecôtiste et Alexander Dowie, éminent pasteur, fut particulièrement réputé pour ses pouvoirs en la matière.

La mixité raciale marqua la première décennie de l'existence des Églises pentecôtistes, même dans les États ségrégationnistes du sud des États-Unis. Mais en 1924, l'Église se scinda autour de clivages sur cette question. En 1994, les Églises séparatistes se réunirent lors du « Miracle de Memphis » pour former les Églises pentecôtistes/charismatiques d'Amérique du Nord (*Pentecostal/Charismatic Churches of North America*).

Lors du culte, les pentecôtistes prient à haute voix, frappent dans leurs mains et chantent, lèvent les mains vers le ciel et livrent des témoignages personnels.

← *Maestà. La Pentecôte* (partie supérieure), 1308-1311, DUCCIO DI BUONINSEGNA
Ce panneau du retable original que Buoninsegna exécuta pour la cathédrale de Sienne, en Italie, est une représentation étonnante de la Pentecôte. Seules les langues de feu au-dessus des têtes des disciples du Christ indiquent la venue du Saint-Esprit, Marie étant placée au centre de cette œuvre, conservée au musée de l'Œuvre de la cathédrale, à Sienne.

É.-U. Bethel Bible College, Topeka, Kansas ; 312 Azusa Street, Azusa, Los Angeles, Californie (lieu du réveil pentecôtiste de 1906) ; Église de Dieu en Christ, Memphis, Tennessee ; **R.-U.** Église pentecôtiste d'Elim, Uxbridge, Middlesex, Angleterre ; Temple de Kensington, Londres

Église de l'Unification

L'Église de l'Unification (Association du Saint-Esprit pour l'unification du christianisme mondial), ou Église Moon pour ses détracteurs, fut fondée par le révérend Sun Myung Moon, pasteur chrétien d'origine nord-coréenne émigré en Corée du Sud lors de la guerre de Corée.

RÉVÉREND SUN MYUNG MOON (1920-); BO HI PAK (1930-); HAK JA HAN MOON (1943-); HYO JIN MOON (1962-); MICHAEL JENKINS (n. c.)

chute de l'homme; mariages arrangés de masse; messianisme; Principe divin

L'Église de l'Unification a été fondée par le révérend Sun Myung Moon, qui se proclame le nouveau Messie (ou «*Véritable parent*»). Si à l'origine, il appelait de ses vœux l'œcuménisme chrétien, son Église est désormais considérée comme une confession chrétienne distincte, voire comme une secte, certaines de ses croyances se démarquant fortement de celles du christianisme orthodoxe.

Le révérend Moon affirme que Jésus lui est apparu lorsqu'il avait 15 ans et l'a chargé d'établir le royaume de Dieu sur terre, mission qu'il avait laissée inachevée avant d'être crucifié. Il reproche à saint Jean-Baptiste de n'avoir pas dûment soutenu Jésus dans sa mission sur terre, le condamnant ainsi à mourir sur la Croix pour le salut de l'humanité, et rejette la responsabilité de la chute de l'homme sur Ève, tentatrice sexuelle. Aussi l'Église de l'Unification prône-t-elle la fidélité absolue dans le mariage et l'abstinence avant. Moon lui-même arrange l'union de la plupart de ses adeptes et célèbre souvent ces mariages lors de cérémonies collectives.

Hak Ja Han Moon, épouse de Sun Myung, dirige aux côtés de son mari l'Église de l'Unification et se fait appeler la «*Vraie mère*». Hyo Jin Moon, aîné des treize enfants du révérend Moon, est désigné comme son successeur. Son bras droit, Bo Hi Pak, est un ancien officier de l'armée sud-coréenne. Aux États-Unis, l'Église de l'Unification est présidée par Michael Jenkins.

Les principes de l'Église sont énoncés dans le texte sacré intitulé *Wolli Wonbon* (Principe divin). Ses adeptes adoptent généralement une position projuive et pro-israélienne. Pourtant, certains Juifs reprochent au révérend Moon et à son Église leur antisémitisme: Moon aurait accusé les Juifs d'avoir tué Jésus

et aurait qualifié l'Holocauste de châtiment pour sa crucifixion.

Mariage de masse célébré par l'Église de l'Unification, Séoul, Corée du Sud
Les mariages de masse caractérisent l'Église de l'Unification. Le révérend Sun Myung Moon a célébré l'union de milliers de couples, les époux étant généralement choisis par l'Église. Lors de cette cérémonie, sept cent quatre-vingt-dix couples coréens et étrangers se sont unis.

CORÉE DU SUD Centre de formation Heaven and Earth de Cheongpyeong, Gyeonggi-do; première Église de l'Unification, Pusan; Old Korean Church Headquarters, Séoul; Université Sun Moon, Asan; **É.-U.** Église de l'Unification, Adams-Morgan, Washington D.C.

3

ISLAM

Islam

L'islam est une religion fondée sur la foi en Allah (Dieu) et l'allégeance à sa parole révélée dans le Coran, qu'illustrent l'intégrité et le comportement de Mahomet, le dernier prophète.

MAHOMET (571-632); ABOU BAKR (573-634); OMAR IBN AL-KHATTAB († 644) ; UTHMAN BEN AFFAN († 656) ; ALI IBN ABI TALIB († 661)

Coran; Hégire; Kaaba; *rasoul*; *tawhid*

L'islam désigne l'état de paix atteint grâce à la soumission à Allah (Dieu), un musulman étant celui qui y parvient. D'après les musulmans, la religion n'a pas été fondée par Mahomet, ou Mohammed, au VIIe siècle, elle est le chemin de la vérité que Dieu a tracé pour les êtres humains depuis le commencement des temps. Ils existent pour porter témoignage de l'unicité de Dieu, *tawhid*, et croient qu'il faut s'évertuer à obéir à la volonté divine. Un certain nombre de prophètes ont illustré cette vie de soumission, mettant en garde contre les conséquences de la désobéissance et prêchant les gratifications réservées aux fidèles.

Parmi les messagers de Dieu apportant une révélation majeure (*rasoul*) figurent Abraham, modèle de soumission absolue à la volonté

↑ **Dôme du Rocher, Jérusalem, Israël**
Érigé en 685 sur ordre du calife omeyyade Abd al Malik ibn Marwan, le dôme du Rocher est un trésor architectural des plus célèbres. Le sanctuaire à la coupole dorée s'élève sur un vaste rocher, depuis lequel Mahomet serait monté aux cieux jusqu'à Dieuen compagnie de l'ange Gabriel.

← **Mosquée Selimiye, Edirne, Turquie**
Commandée par le sultan Selim II, la mosquée Selimiye (*Selimiye Camii* en turc) est l'œuvre du célèbre architecte Sinan. Bâtie de 1569 à 1574, la grande mosquée s'élève au centre d'un complexe de bâtiments, dont une *madrasa* (centre d'enseignement coranique), une *dar-ul hadis* (école de garçons), une salle de l'Horloge et une *arasta* (galerie marchande).

divine, Moïse, David et Jésus. Ces trois derniers occupent une place spéciale en raison de la révélation que contiennent les textes sacrés qui leur sont associés. Selon les musulmans, les disciples de ces révélations ont corrompu les textes sacrés qui leur avaient été envoyés et introduit l'erreur humaine dans la loi éternelle de Dieu. C'est pourquoi il était nécessaire qu'un dernier prophète reçoive le Coran, ou Quran, révélation ultime et complète de la volonté de Dieu, et qu'une dernière communauté maintienne la primauté de la loi divine, sans être corrompue.

À 40 ans, Mahomet, alors époux de Khadija et marchand réputé pour son intégrité et son sens de la justice, se rendait souvent pour méditer dans une grotte sur les hauteurs de La Mecque, dans l'ouest de l'Arabie saoudite. C'est là qu'il reçut les versets du Coran, par l'entremise de l'ange Gabriel (*Djibril*), et cette révélation s'échelonna sur vingt-deux ans. Après avoir été persécuté par les marchands et les élites de La Mecque, en 622, Mahomet partit pour Médine, convié par les dirigeants à venir résoudre les divergences entre les tribus de la ville – à point nommé, car, se sentant menacés dans leur position de gardiens des divinités traditionnelles de la ville, les marchands et les classes dirigeantes mecquoises avaient rejeté son message monothéiste et persécutaient la communauté religieuse naissante. À Médine, Mahomet, dirigeant respecté, organisa la première communauté musulmane, qui diffusa très efficacement le message de l'islam dans toute la péninsule Arabique. Lorsque le combat contre les dirigeants mecquois dégénéra en conflit sanglant, les révélations du Coran qui se poursuivaient autorisèrent les musulmans à défendre leur religion par la lutte armée. Mahomet triomphant entra dans La Mecque en 623 et voua la Kaaba, site sacré des Arabes, au culte du Dieu unique. Pour les musulmans, la pierre de la Kaaba fut placée là par Abraham, qui s'en servit d'autel pour révérer Dieu lorsqu'il rendit visite à sa femme exilée Agar et à leur fils Ismaël. C'est vers elle que se tournent tous les musulmans pour prier. Le départ de Mahomet pour Médine, l'Hégire (*hijra*), marque le début du calendrier musulman.

Après la mort de Mahomet en 632, l'islam apporta l'unité aux tribus traditionnellement en guerre et stimula l'expansion des Arabes, qui conquirent les Empires perse et byzantin, tous deux chancelants, sous l'impulsion des quatre premiers califes, Abou Bakr, Omar ibn al-Khattab, Uthman ben Affan et Ali ibn Abi Talib. Gagnant l'Europe et même l'Inde, il suffit d'un siècle à l'islam pour devenir la civilisation la plus puissante du monde et le premier rival du christianisme. Jusqu'à leur conquête en 1258 par les hordes mongoles des héritiers de Gengis Khan, les cités arabes de Damas et de Bagdad, restées de grands centres religieux, rayonnèrent en matière d'art, de littérature, de philosophie et de mathématiques. Même après l'invasion mongole, l'islam demeura prééminent jusqu'à l'avènement de la puissance de l'Europe et établit trois grands empires : les Moghols en Inde, les Safavides en Perse et les Ottomans en Turquie, au Moyen-Orient et dans les Balkans.

L'islam est aujourd'hui la deuxième religion du monde, après le christianisme. Il connaît une renaissance dans la plupart des pays musulmans, tout en se heurtant à la modernité occidentale et en étant agité par les luttes intestines entre ses divers courants et idéologies.

← **La Kaaba, Grande Mosquée, La Mecque, Arabie saoudite**
Pour prier, les musulmans se tournent vers la Kaaba, à La Mecque. C'est un bâtiment de pierre, de forme cubique, situé au centre de l'esplanade de la Grande Mosquée, sanctuaire le plus sacré de l'islam.

Coran, Maroc, 1568 **(voir p. 66)**
Cette image représente la couverture somptueusement ornée d'un Coran marocain datant de 1568.
La calligraphie est devenue une forme d'art très élaborée dans le monde musulman, très réticent vis-à-vis des représentations ou reproductions de formes humaines ou animales considérées comme rivalisant avec Dieu dans le processus de création. L'accent fut mis sur la présentation de la parole de Dieu dans le Coran, à travers un art somptueux et insurpassable.

ESPAGNE Palais de l'Alhambra, Grenade ; **INDE** Taj Mahal, Agra, Uttar Pradesh ; Fort rouge, Delhi ; **ISRAËL** Mosquée Al Aqsa, Jérusalem ; **TURQUIE** Musée du palais de Topkapi, Istanbul

Le courant sunnite regroupe l'immense majorité des musulmans, qui reconnaissent les califes, et non les imams, comme successeurs de Mahomet.

Abou Bakr (573-634); Abou Hanifa (699-765); Anas ibn Malik (715-796); Ibn Idris al-Chafii (767-820); Ahmad ibn Hanbal († 855)

chaféisme; hanafisme; hanbalisme; malékisme; salafisme; wahhabisme

Principal courant de l'islam, les sunnites ou sunnis sont majoritaires au sein de la population de la plupart des nations musulmanes, à l'exception de l'Irak et de l'Iran. Toutefois, il existe un profond clivage entre les musulmans traditionnels influencés par les enseignements des soufis et les mouvements de renaissance plus récents, comme les wahhabites et les salafistes, axés sur des considérations plus politiques. Tous proclament qu'ils représentent la véritable communauté sunnite, revendication pouvant aller jusqu'à l'exclusion des opposants.

D'un point de vue historique, les sunnites sont ceux qui ont reconnu les quatre premiers califes, le premier étant Abou Bakr, comme successeurs légitimes de Mahomet et dirigeants de la communauté musulmane. Le terme est dérivé de *sunna* (littéralement le «chemin»), les sunnites considérant les pratiques, coutumes et traditions exemplaires de Mahomet telles que consignées dans le Hadith comme la deuxième source textuelle faisant autorité après le Coran et comme la norme des coutumes et comportements musulmans.

Les sunnites se divisent en quatre écoles juridiques – hanafisme, hanbalisme, malékisme et chaféisme – instituées par Abou Hanifa, Ahmad ibn Hanbal, Anas ibn Malik et Ibn Idris al-Chafii aux VIIIe et IXe siècles. Elles sont chargées d'interpréter et d'énoncer la loi fondée sur l'interprétation du Coran et de la Sounnah, à l'aide de deux principes fondamentaux appelés *Qiyas* (analogie) et *Ijma* (consensus). S'accordant sur la plupart des lois, elles diffèrent quant à la méthodologie servant à authentifier les textes fondateurs. Elles divergeraient également quant à l'autorité même du *fiqh* (ou jurisprudence). Selon les oulémas sunnites, théologiens en mesure d'interpréter les questions de loi, les portes de l'interprétation directe à partir du Coran et du Hadith se sont refermées. Très conservateurs, ils fondent leur interprétation sur l'ensemble des lois existantes plutôt que sur les sources fondamentales. Aujourd'hui, des mouvements de réforme religieuse animés par des préoccupations politiques affirment que les érudits qualifiés et les dignitaires religieux conservent ce droit d'interprétation individuelle des sources primaires.

← **Mosquée de Wazir Khan, Lahore, Pakistan**
La mosquée fut édifiée par Ilam ud Dinansari, connu sous le nom de Nawab Wazir Khan, gouverneur de Lahore jusqu'en 1639. Elle fut construite en sept ans, à partir de 1634 environ, sous le règne de l'empereur moghol Shah Jahan.

ÉGYPTE Université al-Azhar, Le Caire; **INDE** Mosquée Jami Masjid, Fatehpur Sikri, Rajasthan; **OUZBÉKISTAN** Mosquée Hoja Ahrar, Samarcande; **R.-U.** Mosquée centrale de Regents Park, Londres; **SYRIE** Mosquée omeyyade, Damas

Chiisme

Le chiisme regroupe plusieurs mouvements de musulmans qui reconnaissent en Ali, gendre de Mahomet, et en ses descendants directs, les successeurs légitimes des guides de la communauté musulmane.

Ali ibn Abi Talib († 661) ; Hassan (626-670); Hussein (627-680); Hassan al-Askari († 874) ; Muhammad al-Mahdi (né en 869); ayatollah Ruhollah Khomeini (1900-1989)

ayatollah; chiisme duodécimain; imam; ismaéliens; mouharram; zaïdistes

Signifiant littéralement «partisans d'Ali», le chiisme est la première minorité musulmane. Il se compose de plusieurs ramifications, unanimes à reconnaître que le successeur légitime de Mahomet était son gendre Ali – et non Abou Bakr, le premier calife. D'après les chiites, Mahomet prit Ali à part alors qu'il rentrait de son dernier pèlerinage à La Mecque, peu avant sa mort, et le désigna comme son successeur par ces paroles: «Celui dont je suis le maître, Ali aussi est son maître.» Ali était marié à la fille du Prophète avec qui il eut deux fils, Hussein et Hassan, considérés comme les deuxième et troisième imams.

Par souci d'unité, les partisans d'Ali ne se sont pas scindés lors de la nomination des trois premiers califes, qu'ils considéraient pourtant comme des usurpateurs. Le conflit débuta sous le règne de Muawiya, calife omeyyade, qui aurait manqué à sa promesse de restituer la conduite de la communauté musulmane aux descendants d'Ali après sa mort.

Selon les chiites, les dirigeants ne sauraient être élus, leur investiture relevant du domaine de l'injonction divine. La succession répond à un principe héréditaire, depuis Mahomet puis Ali et ses descendants de sang. Les chiites s'en remettent aux imams, descendants de l'*Ahl al Bayt* (membres de la famille directe du Prophète), qui sont infaillibles et détenteurs de la lumière héritée du Prophète. Le dernier, al-Mahdi, reviendra triomphant le jour du Jugement.

La foi en une autorité charismatique a engendré des divisions au sein du chiisme quant à la légitimité des imams. La première scission eut lieu après la mort du quatrième, donnant naissance aux zaïdistes, qui ont dirigé le Yémen jusqu'en 1959. Le mouvement ismaélien s'est constitué au terme de nouveaux désaccords concernant le huitième. Quant au courant dominant, le chiisme duodécimain, ou imamisme, il reconnaît douze imams. Majoritaires en Iran et en Irak, les duodécimains sont guidés par des ayatollahs, représentants des imams. Le célèbre ayatollah Khomeyni fut le guide de la révolution islamique et fonda la république islamique d'Iran. D'autres scissions ont engendré les mouvements druze et bahaï, devenus des religions indépendantes.

← **Mausolée d'Ali ibn Abi Talib, Nadjaf, Irak**
Ali ibn Abi Talib fut le premier imam de tous les musulmans chiites. Parmi les monuments les plus sacrés du monde musulman, son mausolée comporte le plus vaste cimetière du monde, qui abriterait aussi les tombes des prophètes Adam et Noé. Bien des musulmans fervents aspirent à y être enterrés.

Mausolée de l'imam Hussein, Kerbala, Irak
Le mausolée du troisième imam, Hussein, est avec Nadjaf le second site sacré pour les musulmans chiites après La Mecque. Hussein est nommé le «Prince des martyrs» et des millions de fidèles affluent sur sa tombe durant le mois de mouharram, qui commémore sa mort. Le sanctuaire fut édifié en 850 après J.-C., puis reconstruit en 969.

AFGHANISTAN Tombeau d'Ali, Mazar-e Charif; **IRAK** Mosquée al-Askari et sanctuaire Askariyya, Samarra, Bagdad; **IRAN** Tombeau de l'imam Reza, Mashhad; Mausolée de Fatima Musamah, Qom; Tombeau de l'ayatollah Khomeyni, Téhéran

Soufisme

Parfois dépeint comme le mysticisme de l'islam, le soufisme se fonde sur une relation maître-disciple visant à amener l'aspirant à une relation intime avec Dieu, par la pratique d'un éventail de disciplines spirituelles.

Rabia al-Adawiyya († 801) ; Hussein ben Mansour al-Halladj (858-922); Abou Hamid al-Ghazali († 1111) ; Muhyi al-Din ibn Arabi (1165-1240); Djalal ud-Din Rumi (1207-1273)

cheikh; *dhikr*; *mourids*; *tariqas*; *tassawuf*

L'étymologie du terme «soufisme» demeure controversée, tout comme ses origines dans le monde musulman. Pour ses adeptes, le soufisme naquit avec Mahomet et constituait la pratique originelle de ses premiers disciples. Pour ses détracteurs, il est vicié par l'influence du bouddhisme, du christianisme et du néoplatonisme, qui ont corrompu l'islam originel. Le soufisme connut son apogée du Xe au XIIe siècle, lorsqu'il dominait le monde musulman. Il conserve une certaine influence en Afrique du Nord et subsaharienne, en Asie du Sud et du Sud-Est et en Égypte. L'hypothèse la plus courante est que le mot soufi vient de l'arabe *souf* signifiant laine, en référence au simple vêtement de laine des premiers mystiques soufis. D'autres affirment qu'il provient de *tassawuf*, pratique mentionnée dans le Coran qui consiste à nier l'ego et à purifier le cœur grâce au *dhikr* (récitation des noms d'Allah). De nombreux soufis préfèrent dire qu'il dérive de *ahl al Soufa*, «les gens du banc», décrits dans le Coran comme des musulmans pauvres mais très pieux, que Mahomet avait recueillis sous le porche de sa demeure, puis dans sa première mosquée à Médine.

Les premiers soufis semblent avoir été des personnes retirées dans une vie austère de piété en réaction à l'attachement aux biens de ce monde de la dynastie omeyyade, premier empire arabe fondé en 661 de l'ère chrétienne. Dès la fin du IXe siècle, les soufis avaient élaboré la doctrine et la méthodologie de la voie vers l'union mystique. C'est notamment au XIIe siècle que les confréries soufies (*tariqas*) connurent leur âge d'or, se propageant dans tout le monde musulman. D'éminents maîtres soufis (*cheikhs*) enseignaient leurs disciplines respectives à leurs aspirants (*mourids*). Ces maîtres comptent plusieurs mystiques très réputés, comme Rabia al-Adawiyya, Hussein ben Mansour al-Halladj, Muhyi al-Din ibn Arabi, Djalal ud-Din Rumi et le réformateur et philosophe Abou Hamid al-Ghazali.

Tandis que des milliers de cheikhs pieux enseignaient leurs propres méthodes pour parvenir à l'unité divine, suivis par des disciples plus ou moins nombreux, le culte des saints ne tarda pas à se développer, doté d'histoires mira-

culeuses et de sa propre littérature. La multiplication des tombeaux dédiés aux soufis donna une nouvelle impulsion aux croyances et coutumes musulmanes, des millions d'adeptes orientant leurs pratiques et leurs prières vers ces lieux saints. Aujourd'hui, ils offrent un autre espace sacré que celui de la mosquée.

Tombeau de Djalal ud-Din Rumi, mausolée de Mevlana
Conformément à la tradition soufie, le tombeau se trouve au cœur du bâtiment. Bien qu'il soit devenu un musée visité par des milliers de touristes du monde entier, ce mausolée demeure un centre de pèlerinage pour les musulmans et d'autres croyants en quête de spiritualité.

↑ **Mausolée de Mevlana, Konya, Turquie**
Le mausolée, centre culturel et musée depuis 1927, était l'école de Djalal ud-Din Rumi et abritait une mosquée, des logements pour les célèbres derviches tourneurs, ou Mevlevi, et des salles où ils s'adonnaient à leur danse mystique.

INDE Sanctuaire sacré de Hazrat Amir Khusrow et Nizamuddin Aulia, Delhi; Tombeau de Hazrat Shah Wailiullah, Coprastham Mehndiyan, Vieux Delhi; **IRAK** Mosquée de Hazrat Sheikh Abdul Qadir Gilani, Bagdad; **PAKISTAN** Sanctuaires et mausolées, Multan, Pendjab; Mausolée de Sheikh Lal Shahbaz Qalandar, Sehwan Sharif

Ismaélisme

Les ismaéliens représentent le deuxième rameau du chiisme et ne reconnaissent que l'autorité des sept premiers Imams – au lieu de douze. C'est pourquoi ils sont parfois appelés les septimaniens.

Jafar as Sadiq (702-765); Musa al-Kazim (745-799); Abdullah al-Mahdi (881-934); Aga Khan III (1877-1957); Aga Khan IV (1936-)

Aga Khan; Fatimides; imams; mustaliens; nizarites

Le berceau historique des ismaéliens se situe en Asie du Sud, en Syrie, en Arabie saoudite, au Yémen, au Tadjikistan, en Afghanistan et en Afrique de l'Est, mais ils migrèrent aussi en Europe au cours du XXe siècle. Ils font allégeance à l'Aga Khan, considéré comme l'incarnation vivante du Coran, et placent ses instructions au-dessus de la révélation contenue dans le Livre, lié à son époque et ne constituant pas un message universel ni intemporel. Ils n'accordent pas non plus de prééminence aux cinq piliers de l'islam, la religion renfermant une signification ésotérique dont seuls les imams sont dépositaires.

Les ismaéliens sont nés de dissensions concernant la succession au sein de l'imamat chiite. Les duodécimains, ou *Ithna Ashari*, et les ismaéliens s'accordent sur cette succession jusqu'au sixième imam, Jafar as Sadiq. À sa mort, les duodécimains jurèrent allégeance à son fils Musa al-Kazim, tandis que les ismaéliens voyaient en son fils aîné, Ismaël, son digne successeur.

Dans la période qui suivit, les ismaéliens poursuivirent clandestinement leur développement depuis leur base à Salmiyah, en Syrie. Le onzième imam, Abdullah al-Mahdi, fonda la dynastie des Fatimides (du nom de la fille du Prophète), empire qui s'étendait sur l'Afrique du Nord au Xe siècle et conquit même l'Égypte. Les Fatimides fondèrent la ville du Caire.

Le principal mouvement au sein des ismaéliens est représenté par les nizarites (ou imamites), actuellement guidés par Aga Khan IV, qui est le quarante-neuvième Imam. Les nizarites font remonter leurs origines en Perse, où les survivants des Fatimides s'établirent au XIIe siècle. Les mustaliens constituent une branche mineure.

Après l'invasion des Mongols, les ismaéliens ont survécu au sein de communautés dispersées, jusqu'à ce que le shah de Perse confère le titre honorifique d'Aga Khan au 46e imam ismaélien, donnant ainsi un nouvel élan à la communauté. Réputé pour sa contribution aux affaires internationales, Aga Khan IV s'est vu attribuer le titre de « Son Altesse » par la reine Élisabeth II en 1957.

↑ **Mosquée al-Azhar, Le Caire, Égypte**
La mosquée al-Azhar fut érigée en 972 dans le cadre de la construction de la nouvelle ville du Caire, capitale fatimide. D'abord baptisée *Jamic al Qahira* (la mosquée du Caire), elle fut renommée *al-Azhar* (la resplendissante), semble-t-il en évocation de sa magnificence. En 988, elle fut convertie en université théologique ; elle est aujourd'hui la première institution éducative sunnite du monde musulman.

← **Salle des prières, mosquée al-Azhar**
La salle des prières, partie la plus ancienne de la mosquée, comprend cinq allées parallèles orientées vers l'ancien mur fatimide de la *qibla* (en direction de la Kaaba). Les Ottomans enlevèrent ce mur en 1753, tout en conservant le vieux *mihrab* (niche indiquant la direction de La Mecque), couvert d'un stuc gravé et restauré.

ÉGYPTE Mausolée d'Aga Khan, près d'Assouan ; **INDE** Palais d'Aga Khan, Pune, Maharashtra ; **R.-U.** Centre ismaélien, Kensington, Londres ; **TUNISIE** Mahdia (ville fondée par Abdullah al-Mahdi)

4

BOUDDHISME & RELIGIONS D'ASIE DU SUD

Hindouisme

Religion polythéiste née en Inde, marquée par une conscience de profonde unité, l'hindouisme se fonde sur l'autorité des Veda (textes sacrés) et organise la société humaine selon une stricte hiérarchie de castes.

SWAMI DAYANAND (1824-1883); RAMAKRISHNA (1836-1886); VIVEKANANDA (1863-1902); GANDHI (1869-1948); SRI AUROBINDO (1872-1950)

atman; Brahma; *karma*; *moksha*; *varna*

Définir l'hindouisme est une tâche ardue car il ne saurait faire l'objet d'une simple classification, à la différence de l'islam ou du christianisme. Prédominante sur le sous-continent indien, c'est la troisième religion du monde. Depuis des millénaires, elle rassemble littéralement des centaines de textes sacrés et n'a pas de fondateur unique, mais révère d'innombrables dieux, depuis des divinités propres à des villages jusqu'aux êtres divins comme Vishnou, Shiva et Krishna, en passant par les déesses Durga, Kali et Lakshmi.

Bien des observateurs ont renoncé à tenter de définir l'hindouisme. La plupart de ses branches reconnaissent le canon des textes sacrés appelés Veda – mais beaucoup s'en démarquent. Si la plupart considèrent le rituel, très divers, comme essentiel au salut, d'autres, nombreux, n'en font pas si grand cas. En outre, la pensée hindoue est modelée par certaines philosophies antiques de l'Inde, selon lesquelles l'univers a été créé et maintenu par un Dieu tout-puissant; d'autres penseurs nient l'existence d'un tel être. Enfin, si des millions d'hindous acceptent l'idée que la société humaine est hiérarchiquement divisée en quatre *varnas* (castes) de consécration divine, subdivisées en milliers de sous-castes – celui qui naît dans telle caste ne peut en sortir –, d'autres affirment que la caste est une construction humaine et prônent farouchement que le salut est ouvert à tous.

→ **Rives du Gange, Varanasi, Uttar Pradesh, Inde**
Les rives de l'antique cité de pèlerinage de Varanasi (aussi appelée Kashi ou Bénarès) sont l'un des sites les plus caractéristiques au monde. Des millions de pèlerins hindous se baignent et accomplissent des rites religieux devant les temples et palais antiques.

← **Dakshineswar, temple de Kali, Calcutta, Bengale-Occidental, Inde**
En 1852, un jeune brahmane fut nommé prêtre assistant de ce temple. Il eut une influence considérable sur l'hindouisme moderne. Rebaptisé Ramakrishna par un ascète errant, il est considéré par de nombreux hindous comme une incarnation de Dieu. Le mouvement Ramakrishna est aujourd'hui présent dans le monde entier. Ce temple demeure un important centre de pèlerinage.

चेतसिंह घाट
CHET SINGH GHAT

Hindouisme

Tous les hindous croient en la réincarnation – toute âme accomplit un cycle de naissance et de mort (*samsara*), conditionné par la loi de l'action et de ses conséquences (*karma*), jusqu'à la libération finale (*moksha*). Toutefois, la manière d'atteindre cette libération et la nature de celle-ci sont l'objet de controverses entre les innombrables sectes de l'hindouisme.

S'il est si difficile de le cerner, c'est en partie dû aux influences extérieures, notamment aux invasions musulmane puis britannique. La perception même de l'hindouisme en tant que religion du monde est dans une large mesure un concept forgé par les orientalistes occidentaux et l'élite intellectuelle hindoue en réaction aux critiques du christianisme et à la domination européenne du XIXe siècle. En réalité, l'hindouisme se décline en un vaste éventail de pratiques rurales circonscrites à des zones locales du sous-continent qui s'entremêlent aux diverses philosophies ayant pris corps au cours des cinq derniers millénaires.

D'aucuns considèrent l'hindouisme comme une religion hénothéiste: les croyants vouent un culte à un dieu en particulier, choisi parmi toutes les divinités qui sont les facettes d'un unique seigneur suprême (*Ishvara*). Le dieu ainsi choisi incarne l'être suprême pour cet adepte. Ce dieu suprême est Brahma, puissance impersonnelle sur laquelle est tissé l'univers. Brahma est l'essence de toute existence et demeure la réalité ultime, lorsque tout se désagrège et finalement se transforme. Omniprésent dans l'univers, il est présent en chaque être de la création à travers l'*atman* (souffle).

Pour des millions d'hindous, la libération ou le salut est synonyme d'adéquation parfaite entre l'*atman* et Brahma – l'entité la plus intime de l'être humain (*atman*) se fondant dans la puissance omniprésente de l'être ultime (Brahma). En revanche, d'autres croient que l'*atman* demeure séparé de Brahma pour l'éternité, afin qu'ils puissent révérer Dieu pour l'éternité. Dans le cadre de ces traditions de dévotion, Brahma est généralement vénéré, non pas en tant que source impersonnelle de l'énergie vitale, mais sous l'une de ses innombrables manifestations en tant que divinité personnelle. Ainsi, trois grands courants théistes de l'hindouisme se démarquent: le vaishnava ou vishnouisme (culte de Vishnou), le shaïvisme (culte de Shiva) et le shaktisme (culte de la déesse Shakti). La majorité des hindous se répartit dans les nombreuses sectes issues de ces trois courants.

Bien qu'on ne puisse nommer un fondateur unique, l'hindouisme est formé et reformé par l'activité d'une multitude de saints et de sages au fil des siècles. La période moderne fut notamment marquée par Gandhi, Swami Dayanand, Vivekananda, Ramakrishna et Sri Aurobindo.

← **Sculptures érotiques du temple de Khajuraho, Madhya Pradesh, Inde**
Il ne subsiste qu'une vingtaine de temples sur les quatre-vingt-cinq environ qui furent bâtis sous la dynastie des Chandella (950-1050). Exemples des plus raffinés de l'architecture religieuse du centre de l'Inde, ils offrent un aperçu fascinant de la société indienne médiévale.

↓ **Ganesh, vers 1070**
Ganesh, le dieu à tête d'éléphant, est l'un des plus révérés en tant que divinité de la Sagesse, de la Prudence et de l'Intelligence. Il est généralement considéré comme celui qui peut lever tous les obstacles. Aussi la plupart des rituels hindous s'ouvrent-ils sur une invocation à Ganesh et nombre de croyants commencent-ils leur journée en lui adressant une courte prière.

INDE Ville de pèlerinage d'Ayodhya, Uttar Pradesh; Ville de pèlerinage d'Haridwar, Uttar Pradesh; Ville de pèlerinage de Madurai, Tamil Nadu; Ville de pèlerinage de Rishikesh, Uttarakhand; Ville de pèlerinage de Vrindavan, Uttar Pradesh

Vishnouisme

Le vishnouisme ou vaishnava désigne plusieurs mouvements qui se sont développés au cours de l'histoire dans diverses régions de l'Inde et qui vénèrent les manifestations ou incarnations (avatars) de Vishnou, particulièrement les avatars humains Rama et Krishna.

Ramanuja (1017-1137); Madhva (1238-1317); Vallabha (1481-1533); Chaitanya (1486-1533); Mira Bai (1498-1547); Surdas (1479-1586)

avatar; *bhakti*; Krishna; Rama; Vishnou

S'il est malaisé de cerner l'hindouisme en tant que religion, le vishnouisme fonctionne comme un ensemble clairement défini de rituels et de croyances, doté de ses propres textes sacrés et personnalités fondatrices. Aujourd'hui, c'est la première confession hindoue. Elle puise ses racines dans la religion védique et a aussi assimilé les dieux tribaux au fil des millénaires. Au cœur du vishnouisme réside le culte dévotionnel (*bhakti*) au dieu Vishnou, considéré comme un sauveur. L'époque médiévale en Inde se distingua par une telle ferveur dans la dévotion que les sectes se multiplièrent, inspirées des enseignements de saints adeptes comme Vallabha, Mira Bai (1498-1547) et Surdas (1479-1586). Pour la plupart des hindous, Vishnou est associé à la préservation dans la *trimurti* (triade divine), Brahma étant le créateur et Shiva le destructeur.

Ces trois puissances font tourner la roue éternelle du *samsara* (le monde matériel), mais la puissance de préservation de Vishnou a aussi deux autres rôles: il est chargé de maintenir le *dharma* (ordre éternel du cosmos) et la droiture. Aussi Vishnou s'incarne-t-il sur terre lorsque le monde est menacé afin de sauver ses adeptes. Les nombreux mythes qui étayent ces notions puisent leur inspiration dans la littérature védique, mais évoluèrent en un culte voué à Vishnou dans les textes médiévaux.

Si les mythes mentionnent dix incarnations de Vishnou, ce sont ses deux avatars humains, Rama et Krishna, qui remportent la palme, donnant lieu à des religions théistes majeures axées sur la dévotion – avec leurs temples, leurs textes sacrés, leur théologie et leurs pratiques. Le culte de Rama en tant que héros et roi divin dans le nord de l'Inde remonte aux premiers siècles avant l'ère chrétienne. Le *Ramayana*, poème épique célèbre et fort apprécié qui raconte ses exploits, prouve sans conteste que Rama faisait déjà l'objet d'un fervent culte dévotionnel à l'époque médiévale, même s'il n'a été identifié comme avatar de Vishnou que relativement tard. Chaque année, des millions de pèlerins affluent à Ayodhya, ville où Rama serait né. Toutefois, le plus populaire des avatars de Vishnou est Krishna. Vénéré dans toute l'Inde, il est considéré par beaucoup comme une incarnation de Vishnou, mais aussi comme la forme éternelle de l'être suprême, venu pour apporter le salut par la dévotion aimante à ses adeptes. Cette forme d'adoration est représentée par Chaitanya, mystique et réformateur originaire du Bengale. Ramanuja et Madhva sont les deux principaux interprètes de la philosophie vaishnavite.

Gopuram, temple de Sri Rangam, Tiruchirappalli (Trichy), Tamil Nadu, Inde
Le temple de Sri Rangam est emblématique des temples vishnouites en Inde et c'est le plus grand du pays. Il compte sept *gopurams* (portes d'entrée) par lesquels il faut passer avant d'atteindre le sanctuaire intérieur où se trouve la divinité principale, un grand Vishnou allongé. Il est appelé Ranganath dans l'Inde du Sud.

Représentation iconographique typique de Vishnou
Sur cette *murti* (représentation), Vishnou a la peau bleue. Son *vahana* (véhicule) est Garuda, mi-homme, mi-oiseau et roi des oiseaux, et son épouse est la déesse Lakshmi. Vishnou aurait quatre bras, dans lesquels il tient généralement une conque, un disque, une massue et un lotus.

INDE Festival de Jagannath, Puri, Orissa ; Ville de pèlerinage de Vrindavan, Uttar Pradesh ; Ville de pèlerinage d'Ayodhya, Uttar Pradesh ; Ville de pèlerinage de Dwarka, Gujarat ; **R.-U.** Bhaktivedanta Manor, siège de l'Association internationale pour la conscience de Krishna, et temple de Krishna et Radha, près de Watford, Angleterre

Shivaïsme

Le shivaïsme regroupe divers mouvements qui se sont développés au cours de l'histoire dans diverses régions de l'Inde et qui vénèrent les multiples incarnations de Shiva, de son épouse Parvati et de leurs deux fils Ganesh et Karttikeya.

GANESH ; KARTTIKEYA ; PARVATI ; SHAKTI ; SHANKAR ; SHIVA

lingam ; *nayanmars* ; Shaiva Siddhanta ; *tantra* ; Trika

Le shivaïsme désigne les traditions qui se conforment aux enseignements de Shiva et le considèrent comme le dieu principal, vénérant aussi parfois la déesse Shakti, alors sa parèdre (épouse). Dans l'hindouisme majoritaire, Shiva incarne le dieu de la Destruction dans la *trimurti* classique composée de Brahma (le créateur), Vishnou (le protecteur) et Shiva (le destructeur). Il est le plus souvent représenté sous les traits de Shankar, ascète couvert de cendre, assis en tailleur, les cheveux longs, des serpents enroulés autour du cou.

Les origines très diverses de Shiva et son assimilation à la tradition classique font de lui un dieu adapté à tous et à chacun. Son errance narrée dans les mythes hindous permet aux parias et aux exclus de la société indienne de s'identifier à lui, mais il reste accessible aux ascètes, aux fervents adorateurs de Dieu, aux yogis, aux philosophes, aux prêtres brahmanes et à ceux qui rejettent la tradition védique. Il est vénéré aussi bien dans les sanctuaires des bords de route et les temples de village, que dans les immenses temples de l'Inde du Sud. Son culte se distingue par des chants dévotionnels, des festivités, des rituels au temple et même des automutilations. Toutefois, Shiva appartient avant tout à un univers religieux populaire et les mouvements shivaïstes mettent en avant un éventail de rites, cérémonies, aspirations et coutumes propres aux gens ordinaires qui ne sont pas régis par les textes sanscrits ni leurs représentants des hautes castes.

De nos jours, Shiva est principalement vénéré dans le sud de l'Inde, notamment dans les régions tamoulophones où l'école de Shaiva Siddhanta prit son essor aux XIe et XIIe siècles. Elle fut à l'origine d'une *bhakti* (dévotion) dualiste exaltée à Shiva, dont témoignent les expériences et les poésies mystiques des saints tamouls (*nayanars* ou *nayanmars*). C'est cette forme du shivaïsme, probablement inspirée de l'école Trika, ou shivaïsme du Cachemire, établie dans le nord de l'Inde, qui diffusa le culte de Shiva, y compris auprès des élites brahmanes.

↑ **Shiva lingam, Pashupatinath, Népal**
Exemple typique de Shiva lingam, dans un temple de Pashupatinath, ville sainte de pèlerinage du Népal, sur la rivière Bagmati. L'une des formes les plus courantes de Shiva est le *lingam* aniconique, ou pierre en forme de phallus érigée au centre d'un support en forme de larme, symbolisant l'union de Shakti et Shiva, les principes masculin et féminin de l'énergie divine tels qu'énoncés dans les traditions tantriques de la religion.

Shiva et Parvati, temple d'Omkarananda Kamakshi-Devi, Rishikesh, Uttarakhand, Inde
Représentation de Shiva et de son épouse, Parvati, sur le *gopuram* (tour d'entrée). Ce temple reproduit en Inde du Nord l'architecture typique de l'Inde du Sud. Il fut édifié sur le site où Gurudev Paramahansa Omkarananda Sariswati mit en œuvre ses disciplines spirituelles approfondies, au pied des contreforts de l'Himalaya.

INDE Temple de Nataraja, Chidambaram, Tamil Nadu; Temple Chezerla, Chezerla, Andhra Pradesh; Temples de Fort Kurnool, Kurnool, Andhra Pradesh; Temple de Kashi Vishwanath, Varanasi, Uttar Pradesh; Temple de Dakeswar, Haridwar, Uttar Pradesh

Shaktisme

Le shaktisme est une branche de l'hindouisme dont les adeptes vénèrent principalement les diverses manifestations de Shakti, la Déesse mère (aussi appelée Devi), tout en reconnaissant l'importance de la divinité masculine (vouée à rester inactive en l'absence de Shakti).

RAGHUNANDAN BHATTACHARYA (XVe- XVIe s.); RAMAKRISHNA PARAMHANSA (1836-1886); RAMPRASAD SEN (XIXe s.)

Amma; Devi; *Mata*; Shakti

Le culte voué aux déesses est une pratique extrêmement ancienne en Inde et certaines figurines féminines servant au culte ont été datées du Ve ou du VIe millénaire avant notre ère. Toutefois, les textes védiques (la religion védique préluda à l'hindouisme, de 2000 à 1200 environ avant notre ère) ne mentionnent pas la Déesse mère ni aucune de ses manifestations, ce qui laisse supposer que les premières formes d'adoration se sont développées en dehors des traditions védiques. Jusqu'à ce jour, le culte des déesses englobe aussi bien les divinités villageoises appelées *matas* (mères), que les incarnations de la Déesse mère vénérées dans toute l'Inde, à l'instar du culte rendu à Lakshmi (déesse de la Fortune) et Sarasvati (généralement déesse des Arts), ainsi que Sita, Radha et Parvati (respectivement parèdres des dieux masculins majeurs Rama, Krishna et Shiva). Les adeptes du shaktisme, ou shaktas, considèrent les multiples déesses comme des facettes ou manifestations de la Déesse mère unique.

En Inde, la Déesse est souvent appelée tout simplement «Mère», qui se décline en *Ma*, *Mata* ou *Mataji* dans le Nord, et en *Amma* dans les langues dravidiennes du Sud. Son culte n'est pas organisé en mouvements comme c'est le cas pour les divinités masculines Shiva ou Vishnou, la plupart des hindous lui offrant leur dévotion à un moment ou un autre de leur vie. Il est donc plus pertinent d'appeler shaktas ceux qui vénèrent uniquement ou principalement la Déesse mère sous ses multiples formes. Ils sont particulièrement représentés au Bengale, dans certaines régions du Pendjab, au Nord, et dans le Sud tamoulophone. Le shaktisme inspira de nombreux saints poètes très connus, à l'image de Raghunandan Bhattacharya et Ramprasad Sen. Ramakrishna Paramhansa, bengali mystique de renom qui réforma l'hindouisme moderne, vénérait également la Déesse mère.

À l'instar de Shiva, la Déesse mère est une divinité des paradoxes, qui se manifeste aussi bien à travers des déesses comme Kali et Durga, féroces, érotiques et dangereuses, qu'à travers Lakshmi et Sita, modèles rassurants pour les femmes hindoues qui détiennent les qualités recherchées chez l'épouse idéale.

Kali, la déesse noire

Cette représentation iconographique typique illustre le caractère irascible et terrifiant de Kali, qui détruit et dévore tous les démons. Elle personnifie aussi le temps, sa forme sombre symbolisant un avenir qu'il ne nous est pas donné de connaître. Lorsqu'elle entame sa danse, Shiva, seul capable de contenir son énergie, s'interpose entre ses pieds et la terre pour empêcher que le monde ne s'effondre.

Parvati, parèdre de Shiva

Parvati n'a rien de commun avec les excès sauvages de Kali. Dans les mythes hindous, son rôle consiste à détourner Shiva de sa vie consacrée à l'ascèse et à une conception yogique de l'autre monde. Elle parvint, avec l'aide du dieu Kama, à séduire Shiva, à avoir des rapports avec lui et à l'épouser. Elle incarne l'idéal de la sexualité sublimée pour tout chef de famille. Leur mariage permet la fusion des deux grands cultes que sont le shivaïsme et le shaktisme.

INDE Temple de Chamundi, Chamundi Hill, Mysore, Karnataka; Temple Dakshineswara, Calcutta, Bengale-Occidental; Temple de Jwalaji, Kangra, Himachal Pradesh; Temple de Kalighat, Calcutta; Temple de Mansa Devi, Churu, Rajasthan; Temple de Naina Devi, Nainital, Uttar Pradesh

Jaïnisme

Religion indienne fondée historiquement par Mahavira, mais qui aurait été transmise par une longue succession d'âmes libérées légendaires, le jaïnisme professe la libération du joug karmique par un ascétisme strict et la pratique de la non-violence.

Gomateshvara ; Rishabhdev (5000 ans av. J.-C.) ; Mahavira († 527 av. J.-C.) ; Chandagupta Maurya (IVe s. av. J.-C.) ; Acharya Sri Tulsi (1933-1993)

ahimsa; *anekant*; *aparigraha*; digambaras; svetambaras; *tirthankaras*

À l'instar de bien des traditions indiennes, le jaïnisme ne conçoit pas de commencement historique de l'univers mais interprète la création comme un cycle éternel d'existences formé de deux entités interdépendantes : les âmes conscientes et indépendantes existant de toute éternité (*jivatman*) et la matière (*ajiva*). Les âmes sont enveloppées et emprisonnées dans l'existence matérielle par le *karma*, substance invisible. Ainsi tous les êtres, y compris les plantes, souffrent en raison de leur joug karmique. Comme dans d'autres traditions indiennes, les êtres humains ont la capacité de se libérer de cette souffrance.

La voie jaïniste vers la libération fut enseignée par une succession d'âmes illuminées, les *tirthankaras* (faiseurs de gué), dont le premier fut Rishabhdev. Le dernier, Mahavira, fondateur historique du jaïnisme, aurait été contemporain de Bouddha. Il parvint à l'illumination grâce à un ascétisme extrême et enseigna une méthode d'émancipation fondée sur trois idéaux: *ahimsa* (non-violence), *aparigraha* (non-possession) et *anekant* (non-absolutisme). *Ahimsa* correspond au refus de causer une souffrance mentale, physique ou verbale à toute créature (et implique le végétarianisme), *aparigraha* consiste à ne pas s'attacher aux possessions ni aux états d'esprit matériels, tandis que l'idéal de l'*anekant* s'attache à la notion des multiples facettes de la vérité ou de la réalité, qui ne sont pas absolues.

L'essor du jaïnisme fut stimulé par la conversion de plusieurs rois indiens, notamment Chandagupta Maurya, qui établit une dynastie jaïne. Les splendides temples du Gujarat et du Rajasthan témoignent de la vigueur de cet empire.

Le jaïnisme se divise en deux branches principales, les digambaras (surtout au Karnataka, dans le sud de l'Inde) et les svetambaras (au Rajasthan et au Gujarat, dans le nord de l'Inde). Hormis leur implantation géographique, la principale divergence est la pratique de la nudité observée par les digambaras, alors que les moines svetambaras portent des habits blancs. En outre, les digambaras sont bien plus rigoureux en ce qui concerne l'impossibilité pour les femmes et les laïcs d'at-

teindre la libération. Les svetambaras se subdivisent en murtipujakis (qui vénèrent des images des *tirthankaras*) et sthanakvasis (qui refusent ce culte des images). Parmi ces derniers figurent les terapanthis, mouvement de renaissance récemment inspiré par Acharya Sri Tulsi.

↑ **Temple de Parsvanatha, Nakoda, Rajasthan, Inde**
Les jaïns construisent des temples extraordinaires aux innombrables colonnes, toutes différentes. Nombre de temples jaïns antiques sont des ensembles englobant des centaines de temples, tous sculptés avec un grand raffinement. À l'intérieur, on peut souvent admirer des *tirthankaras* sculptés dans le marbre.

Statue de Gomateshvara, Sravanabelagola, Karakala, Karnataka, Inde
La monumentale statue de *tirthankara* nu, Gomateshvara, fut découverte dans le temple sacré du village de Sravanabelagola. Coonstruite en 981, elle mesure 17 m de haut, ce qui en ferait la plus grande statue au monde.

INDE Temple de Mallinatha, ensemble de temples jaïns de Girnar Hill, Junagadh, Gujarat; Ensemble de temples de Muktagiri, Amravrati, Maharashtra; Temples jaïns de Palitana, Samvasaran Mandir, Gujarat; Temple de Ranakpur, ensemble de temples du mont Abu Dilwara, Rajasthan; **R.-U.** Temple jaïn, Jain Centre, Leicester, Angleterre

Bouddhisme

Religion fondée sur un chemin de pratique et de développement spirituel qui mène à une compréhension de la nature de la vie, le bouddhisme fut prêché par Siddhartha Gautama, il y a environ 2 500 ans, à Bodh-Gaya dans le nord de l'Inde.

Ananda (v^{e}-vi^{e} s. av. J.-C.); Mahaprajapati Gautama (v^{e}-vi^{e} s. av. J.-C.); Siddhartha Gautama (vi^{e}-ve s. av. J.-C.); dalaï-lama; Ashoka (273-232 av. J.-C.)

ariya atthangika magga; arbre de Bodhi; *dharma*; *dukkha*; *nirvana*

Le bouddhisme émane des enseignements de Siddhartha Gautama, né dans une modeste famille royale au Népal, qui parvint à l'éveil spirituel, ou illumination (*bodhi*, qui signifie «s'éveiller»), au terme d'une longue quête de la vérité. Le voyage de Bouddha commença lorsqu'il croisa successivement un vieillard, un malade et, enfin, un cadavre. Selon la légende, son père l'avait préservé de tout contact avec la souffrance, afin de neutraliser une prophétie selon laquelle son fils renoncerait à vivre dans le monde. Choqué par sa découverte de l'inévitable condition humaine, Siddhartha quitta sa famille et pratiqua diverses disciplines ascétiques, sans trouver la paix tant recherchée. Il finit par atteindre l'illumination après avoir médité sous l'arbre de Bodhi, qui serait situé à Bodh-Gaya, dans l'État actuel du Bihar, dans le nord de l'Inde.

Les enseignements de Bouddha, ou *dharma*, auxquels il consacra sa vie, se fondent sur les quatre nobles vérités. La première est que toute existence implique l'insatisfaction, la souffrance (*dukkha*), tout étant impermanent et rien ne pouvant apporter une réelle satisfaction. La vie est synonyme de souffrance, de vieillesse, de maladie et de mort. Les trois autres vérités se penchent sur la cause de la souffrance et sur la manière de la prévenir. La souffrance est causée par le désir (deuxième vérité), elle peut être surmontée (troisième), car il existe un chemin menant à la fin de la souffrance (quatrième). C'est sur ce sentier octuple, ou voie du milieu (*ariya atthangika magga*) – la compréhension juste (la juste manière de voir le monde), l'intention juste, la parole juste, la juste discipline, les

← **Bouddha marchant (bronze), parc historique de Sukhothai, Thaïlande**
Cette statue représente Bouddha rentrant après avoir rendu visite à sa mère au paradis (*Tusita*), après son «éveil». Aux xiiie et xive siècles, Sukhothai était le premier royaume thaï de tradition exclusivement theravada.

→ **Temple de la Mahabodhi, Bodhgaya, Bihar, Inde du Nord**
Le temple de la Mahabodhi ou Satabodhi marque l'endroit où Bouddha atteignit l'illumination. C'est là que se trouverait l'arbre de Bodhi sous lequel Bouddha médita. Ce temple de la période Gupta (300-600 de l'ère chrétienne) abrite le Vajrasukhsana, ou trône de diamant, commandé par Ashoka.

moyens d'existence justes, l'effort juste, l'attention juste et la concentration juste – que se développent les pratiques éthiques et spirituelles bouddhistes, notamment la méditation. Et c'est ce chemin qui permet d'atteindre le but ultime du bouddhisme, le *nirvana*, état indescriptible de cessation de la souffrance inhérente à l'existence, lorsque s'achève enfin le cycle presque infini de la vie et de ses innombrables renaissances.

Selon les bouddhistes, le cycle des renaissances est régi par le *karma*, loi universelle d'action et de réaction qui lie toutes les créatures et les maintient dans un cycle presque infini de naissance et de mort au sein de six royaumes d'existence. Seul un bouddha illuminé est délivré de cette condition. Toutefois, Bouddha n'est pas un dieu et tous les êtres humains peuvent s'efforcer d'atteindre cette condition.

La diffusion du bouddhisme en Inde doit beaucoup à l'influence d'Ashoka, chef du royaume de Magadha, dans le nord du pays, qui se convertit après avoir conquis le royaume de Kalinga. Rongé par le remords face à toutes ces vies humaines détruites, il adopta une politique de non-violence et gouverna en s'appuyant sur les enseignements bouddhistes (*dharma*). Bien que né en Inde, le bouddhisme se propagea peu à peu dans toute l'Asie: en Asie centrale, au Tibet, au Sri Lanka et en Asie du Sud-Est, ainsi qu'en Extrême-Orient – Chine, Mongolie, Corée et Japon.

En Asie centrale, au Tibet et en Extrême-Orient prévaut le bouddhisme mahayana: d'innombrables bouddhas, appelés *bodhisattvas*, renoncent à entrer au *nirvana* par compassion et empathie, afin d'aider tous les êtres vivants à parvenir à l'état de cessation de la souffrance. Le chef suprême du bouddhisme tibétain est le dalaï-lama – et le dalaï-lama actuel est une personnalité spirituelle reconnue dans le monde entier. Au Sri Lanka et en Asie du Sud-Est, la tradition theravada prédomine: l'accent est mis sur le Bouddha historique et les *arhats* – disciples ayant atteint l'éveil grâce à un enseignement.

La hiérarchie bouddhiste est formée des moines, hommes et femmes, puis des laïcs, hommes et femmes. Les deux communautés

sont interdépendantes, les moines dispensant les enseignements spirituels et les laïcs subvenant à leurs besoins élémentaires – nourriture, logement et vêtements. La première femme moine fut Mahaprajapati, mère adoptive de Bouddha, la tradition assurant qu'elle le devint à la demande d'Ananda, l'assistant personnel de Bouddha et son premier disciple.

↑ **Sri Dalada Maligawa (temple de la Relique de la dent sacrée), Kandy, Sri Lanka**
Nombreuses, les reliques de Bouddha sont très révérées. On dit que le temple de Sri Dalada Maligawa contient une dent de Siddhartha Gautama qui aurait été amenée d'Inde au Sri Lanka au IVe siècle. C'est l'un des premiers centres de pèlerinage bouddhistes au monde.

Bouddha de Phitsanulok, Phitsanulok, province de Changwat, Thaïlande
Le Bouddha de Phitsanulok est considéré comme le plus beau de Thaïlande. Des flammes stylisées entourent sa tête, symbolisant le rayonnement de son énergie spirituelle.

AFGHANISTAN Statues de Bouddha et art rupestre, vallée de Bamiyan, province de Bamiyan; **INDE** Musée de l'université Magadha, Bodhgaya, Bihar; Monuments bouddhistes de Sanchi, près de Bhopal, Madhya Pradesh; Musée de Sarnath, près de Varanasi, Uttar Pradesh; **R.-U.** Pagode bouddhiste, Battersea Park, Londres

Bouddhisme theravada

Le bouddhisme theravada, ou hinayana, met l'accent sur la vie et les enseignements du Bouddha historique et sur le mode de vie monastique, et professe que chacun peut atteindre l'illumination grâce à ses propres efforts.

Siddhartha Gautama (VIe-Ve s. av. J.-C.); Mahinda (IIIe s. av. J.-C.); Anagarika Dharmapala (1864-1933); Ajahn Mun Bhuridatta (1870-1949); Ajahn Sao Kantasilo († 1942)

Abhidharma Pitaka; Bodhi; *dharma*; *sangha*; Sutta Pitaka; Vinaya Pitaka

Le bouddhisme theravada («doctrine des Anciens») est appelé avec mépris hinayana (le «Petit Véhicule») par les bouddhistes mahayana – mais s'il est plus petit, c'est uniquement en termes de nombre de disciples. Les bouddhistes theravada affirment être les tenants de la doctrine originelle résultant des enseignements de Siddhartha Gautama, le Bouddha historique, être humain ordinaire porté à un statut particulier par sa capacité à atteindre l'illumination. Selon les bouddhistes theravada, croire en des êtres surnaturels et leur adresser des prières ne saurait contribuer à l'éveil. La libération de la souffrance ne viendra que grâce à ses propres efforts, en s'évertuant à suivre la voie de la libération proposée par Siddhartha Gautama et les personnes compétentes pour transmettre le *dharma* (enseignement du Bouddha). Le *dharma* cependant met l'accent sur la foi, définie comme une confiance sereine, sans laquelle les disciples ne pourraient se soumettre aux disciplines du sentier octuple menant à l'illumination.

L'enseignement et la pratique du bouddhisme theravada sont énoncés dans le canon pali, établi et rédigé lors de trois conciles monastiques sur une période de trois siècles, de 483 à 225 avant l'ère chrétienne. D'après ces conciles, les enseignements de Siddhartha Gautama sur l'illumination étant complets, ils ne nécessitent nul renouvellement. Autorité suprême pour les bouddhistes theravada, le canon pali (ou *Tipitaka*), est divisé en trois recueils ou *Pitaka* (corbeilles). Le Vinaya Pitaka énonce les règles de la vie monastique, le Sutta Pitaka consigne les sermons du Bouddha et de ses moines, tandis que l'Abhidharma Pitaka fournit une analyse intellectuelle et philosophique des enseignements. Contrairement au bouddhisme mahayana, le theravada s'organise autour de la communauté des moines (*sangha*), considérés comme l'idéal du bouddhiste; seuls les moines (à la différence des nonnes) peuvent atteindre le *nirvana*.

Le bouddhisme theravada est surtout pratiqué au Sri Lanka et en Asie du Sud-Est. C'est le fils de l'empereur Ashoka, Mahinda, devenu moine à 20 ans, qui le diffusa au Sri Lanka. Au

xxe siècle, le bouddhisme sri lankais se teinta de nationalisme, notamment sous l'égide d'Anagarika Dharmapala.

Dans le theravada, l'antique tradition thaïlandaise de la forêt – retraite monastique dans les forêts, les montagnes et les grottes permettant de s'isoler – a été relancée au xxe siècle par Ajahn Mun Bhuridatta et Ajahn Sao Kantasilo. Ayant attiré un certain nombre de disciples occidentaux, elle est pratiquée dans divers pays, notamment l'Australie et le Royaume-Uni.

↑ Statue de Siddhartha Gautama, temple de Lamphun, Thaïlande

Cette statue de temple typiquement thaïlandaise représente Siddhartha Gautama, le Bouddha historique, objet de vénération de la tradition theravada. Les statues varient selon les temples en fonction de la culture et de la tradition, mais les temples theravada sont tous centrés sur le Bouddha historique et ses enseignements, et non sur une succession d'êtres surnaturels légendaires.

Personnage en pied, Gal Vihara, Polonnaruwa, Sri Lanka

Les statues de Bouddha de Gal Vihara (temple du Rocher) comptent parmi les plus raffinées du pays. Elles furent sculptées au xiie siècle, dans une seule falaise de granit. Ce personnage en pied de 7 mètres de haut serait Arahath Ananda, disciple favori de Bouddha.

SRI LANKA Bouddha d'Aukana, près d'Anuradhapura ; Arbre de Bodhi, Anuradhapura ; Ruwanweliseya, ou Grand stupa, Anuradhapura ; **THAÏLANDE** Bouddha d'or, Wat Traimit, Bangkok ; Monastère Suan Mokkabalarama, Suan Mokkh

Bouddhisme mahayana

Principal courant bouddhiste, le mahayana regroupe diverses branches, surtout fondées sur les traditions tibétaine, chinoise et japonaise, qui mettent l'accent sur l'idéal du *bodhisattva* et élèvent la compassion au rang de vertu cardinale, au même titre que la sagesse.

NAGARJUNA (IIe s.); ASANGA (IVe-Ve s.); BODHIDHARMA (Ve-VIe s.); MILAREPA (1040-1123); 14e DALAÏ-LAMA (1934-)

Amitabha; *bodhisattva*; chan; *mahasanghikas*; zen

Le bouddhisme mahayana (ou «Grand Véhicule») est né d'un assouplissement du traditionnalisme strict des *sthavira* (anciens), gardiens des traditions et doctrines bouddhistes énoncées dans un canon de textes sacrés rédigés en langue pali. Environ 400 ans après la mort de Bouddha, un groupe de novateurs, notamment de nouvelles voix émanant de la communauté laïque, commencèrent à remettre en question ces traditions et à consigner leurs conceptions en sanskrit, langue plus propice au développement. Ces *mahasanghikas* (membres de la grande assemblée) furent les pionniers du bouddhisme mahayana. Ils qualifièrent avec condescendance le strict conservatisme des *sthaviras* de «hinayana» – petit véhicule. L'expansion du bouddhisme mahayana s'appuya aussi sur Nagarjuna, fondateur de l'école Madhyamaka en Inde, et Asanga, qui fonda l'école Yogacara.

Les diverses branches du bouddhisme mahayana se distinguent par des différences doctrinales majeures concernant la nature de la réalité et de Bouddha. Pour les mouvements mahayana, la souffrance appartient au royaume de l'illusion, même si cela n'est perçu que par les éveillés. En outre, la réalité est absolue, et cet «absolu éternel» n'est pas transcendant mais immanent au *samsara* (le monde matériel), ce qui engendre une conception moniste. Le Bouddha historique est considéré comme une projection de cet absolu éternel, comme un maillon de la chaîne éternelle de ses pairs, dont certains apparaissent sur terre, tandis que d'autres demeurent dans les royaumes de Bouddha. Ces êtres bouddhiques aident les disciples à parvenir à la libération ou à l'illumination. Ainsi, les traditions mahayana privilégient la compassion, davantage encore que la sagesse, et mettent en avant les *bodhisattvas*,

→ **Peinture Thangka du Népal, présentant au centre le *bodhisattva* Avalokiteshvara**
Le *bodhisattva* Avalokiteshvara («Seigneur qui voit le monde avec compassion») est décrit dans le *Karandavyuha*, texte du VIIIe siècle, comme celui qui regarde avec compassion tous les êtres en lutte avec les démons de l'existence. Il a mille yeux pour observer les souffrances de toutes les créatures et mille bras pour contribuer à les soulager.

← **Palais du Potala, Lhassa, Tibet**
Ce célèbre palais est la résidence du dalaï-lama, chef spirituel et temporel des bouddhistes tibétains. Selon la tradition, il a été construit à l'emplacement d'une grotte où aurait vécu le *bodhisattva* Avalokiteshvara. Le premier palais fut édifié en 637 par l'empereur Songtsen Gampo, qui aimait à s'y retirer pour méditer. Le palais actuel fut bâti au XVIIe siècle sur les fondations du premier.

Bouddhisme mahayana

bouddhas qui refusent d'entrer dans le *nirvana* ultime et préfèrent rester actifs dans le monde jusqu'à la libération de toute créature. Par ailleurs, le bouddhisme mahayana donne un nouveau rôle aux laïcs, qui peuvent eux aussi parvenir à l'illumination. Il se décline surtout au Tibet, en Chine (chan) et au Japon (zen). On pense que c'est le moine indien Bodhidharma qui est à l'origine des branches chinoise et japonaise. Le bouddhisme chinois se démarque par le culte qu'il voue au *bodhisattva* Amitabha.

← **Bouddha Maitreya, temple de Lingyin, Hangzhou, Chine**
Le Bouddha Maitreya, ou Bouddha du futur, demeure en tant que *bodhisattva* dans le *Tusita*, royaume céleste. Maitreya est dérivé du terme sanskrit signifiant « gentillesse ». En Chine, on dit qu'il s'est incarné dans le moine chan Hotei, communément appelé le Bouddha riant.

CHINE Grottes sacrées de Yungang, Shanxi ; **INDE** Dharamsala (résidence d'été du dalaï-lama et plus importante communauté tibétaine en dehors du Tibet), Himachal Pradesh ; **JAPON** Cité de Nara ; Temples Zen, Kyoto ; **THAÏLANDE** Bouddha couché, Bangkok

Cette forme de bouddhisme, introduite au Japon et en Chine, recentre le bouddhisme mahayana sur la méditation, seule voie pour parvenir à l'illumination, et met l'accent sur le *satori*, compréhension intuitive de l'unité profonde de toute existence.

Bodhidharma (Ve-VIe s.); Eisai (1141-1215); Dogen (1200-1253); Ikkyu (1394-1481); Shunryu Suzuki (1904-1971)

Bompu zen; *koans*; Rinzai; *satori*; Soto; *zazen*

Le bouddhisme zen émane de l'école chinoise du mahayana appelée chan, elle-même influencée par le taoïsme. D'après la légende, le zen puise ses origines dans le sermon de la fleur de Siddhartha Gautama, au cours duquel Bouddha répondit à une question sur l'illumination en montrant simplement une fleur et en souriant. Seul Mahakasyapa comprit intuitivement le sens de ce sermon et l'enseigna à ses disciples. Bodhidharma, le vingt-huitième successeur de Bouddha, quitta l'Inde pour dispenser son enseignement en Chine, où le mouvement prospéra.

Le terme *zen* vient de *chan*, lui-même dérivé de *dhyana*, qui signifie «méditation». Détournant le bouddhisme mahayana des bouddhas cosmiques surnaturels ou détachés du monde, le zen réhabilite la méditation (*zazen*) en tant qu'unique moyen d'atteindre la libération. Toutefois, il ne réaffirme pas la primauté du Bouddha historique, mais privilégie plutôt la relation maître-disciple et accorde une large place aux fondateurs des différentes écoles zen. Le zen est introduit au Japon vers 1200, donnant naissance à une forme de bouddhisme qui rejette à la fois le dévotionnel et l'intellectualisme. Grâce à une méditation approfondie, les pratiquants s'efforcent d'atteindre le *satori*, compréhension de la nature essentielle de toute existence, du cœur ou de l'essence de Bouddha. Selon les différentes écoles zen, cette expérience correspond à une illumination soudaine (école Rinzai, fondée par Eisai) ou mûrie progressivement au fil du temps (école Soto, fondée par Dogen). En outre, l'école Rinzai utilise les *koans*, anecdotes ou énigmes paradoxales insolubles, afin de démontrer l'inadéquation du raisonnement logique et de déclencher l'éveil. Par ailleurs, le *Bompu zen*, dénué de tout contenu religieux ou philosophique, permet d'améliorer le bien-être physique ou mental.

Le zen a profondément influencé l'art et la culture du Japon. Au XXe siècle, il prit un essor croissant en Occident, notamment grâce aux écrits de Shunryu Suzuki.

← **Temple Kinkaku-ji, pavillon d'Or, Kyoto, Japon**
Kinkaku-ji, appelé le pavillon d'Or, fut construit en 1398 sur les collines au nord de Kyoto, dans le cadre d'un vaste complexe, par Yoshimitsu, troisième shogun des Ashikaga. À sa mort, et conformément à sa volonté, il devint temple zen. Le temple originel fut brûlé en 1950 puis reconstruit. Chaque étage a son propre style et son architecture a influencé nombre de temples zen ultérieurs.

→ **Jardin zen, temple Zuiho-in, ensemble de temples de Daitokuji, Kyoto**
La cité antique de Kyoto est réputée pour ses jardins zen, souvent nichés au cœur de temples. Toutefois, il est difficile d'affirmer si ces jardins illustraient des démarches religieuses ou philosophiques. On tend à les concevoir aujourd'hui comme des expressions de la pensée zen, mais ils existaient déjà au Japon dans le cadre d'anciennes croyances shintoïstes. Ce qui est certain, c'est qu'ils font partie intégrante de l'esthétisme japonais.

JAPON Ginkaku-ji (le pavillon d'Argent), Kyoto; Sanctuaire Meiji Jingu, Tokyo; Temple Nanzen-ji, Kyoto; Saiho-ji (temple des Mousses), Saiho-ji, Kyoto; Temple Shokoku-ji, Kyoto

Sikhisme

La religion sikhe puise ses origines dans les enseignements de Guru Nanak, transmis par une succession de dix gourous humains, le dernier étant Guru Gobind Singh, avant d'être recueillis dans le Guru Granth Sahib, livre saint qui fait autorité.

Guru Nanak (1469-1539) ; Guru Arjan (1563-1606) ; Guru Tegh Bahadur (1621-1675) ; Guru Gobind Singh (1666-1708) ; Ranjit Singh (1780-1839)

Guru Granth Sahib ; Guru Panth ; Khalsa ; *satguru* ; *satnam*

Cette religion indienne s'inspire des enseignements de Guru Nanak, premier *satguru* (vrai gourou), né au Pendjab, près de Lahore, en 1469. D'après la tradition sikhe, Nanak connut une expérience mystique alors qu'il méditait sur les berges de la rivière Bein, près de Sultanpur. Il est dit que Dieu fit appel à lui, lui confiant la mission de prêcher son vrai nom (*satnam*). L'autorité du gourou fut ensuite transmise à neuf successeurs, dont Guru Arjan et Guru Tegh Bahadur, premiers martyrs du sikhisme. Le dernier, Gobind Singh, déclara qu'après sa mort les sikhs seraient désormais guidés par leur texte sacré, le Guru Granth Sahib, et la communauté sikhe (Guru Panth), qui représentent les enseignements des dix gourous. Toutefois, pour certains mouvements sikhs, à Gobind Singh succédèrent d'autres gourous. Sous le règne de Ranjit Singh, le Pendjab devint un royaume sikh et le resta jusqu'à la conquête britannique dans les années 1840.

En avril 1699, Gobind Singh fonda le Khalsa (ordre des sikhs pleinement initiés), marquant un tournant dans l'évolution de la tradition sikhe. Le Khalsa leur donna une identité spécifique fondée sur l'apparence physique, contribuant à asseoir le sikhisme en tant que religion distincte de l'hindouisme, dotée de ses propres symboles, rituels et code de conduite. Après l'initiation dans le Khalsa, un sikh doit témoigner de son allégeance à la foi en portant les cinq K: le *kesh*, ou cheveux et barbe non coupés, le *kangha*, peigne utilisé pour garder les cheveux bien coiffés, le *kara*, bracelet d'acier, le *kaccha*, sous-vêtement particulier ou ample short, et le *kirpan*, épée ou dague.

Tous les sikhs n'intègrent pas le Khalsa, mais il est désormais considéré comme l'orthodoxie de la religion sikhe. Dans ce cadre, un sikh est celui qui croit en un Dieu unique, adhère aux enseignements de Guru Granth Sahib et des dix gourous, a foi dans l'*amrit* (nectar) du dixième gourou et ne professe aucune autre religion. Toutefois, nombreux sont ceux qui se considèrent membres de la religion sikhe sans remplir ces conditions.

← **Tableau représentant Guru Nanak, gurdwara Baba Atali, Amritsar, Pendjab, Inde**
Cette peinture historique du jeune Guru Nanak est conservée au gurdwara Baba Atali, qui surplombe le complexe du temple d'Or d'Amritsar. Elle montre Nanak recevant le bijoutier Satis Rai Johri et les acceptant, lui et son épouse, comme disciples. D'après la tradition sikhe, le riche joaillier lui fit don de son manoir, situé sur le futur emplacement du temple d'Or.

↓ **Temple d'Or, Amritsar**
Le temple d'Or, ou Harmandir Sahib, est le site le plus sacré des sikhs. En 1588, Guru Arjan jeta les fondations du temple, qui fut achevé en 1601. Le premier volume du texte sacré sikh, le Guru Granth Sahib, y fut déposé en 1604.

INDE Temple Gurdwara Bangla Sahib, New Delhi; Temple Gurdwara Chaubara Sahib, Machiwara, Ludhiana, Pendjab; Site sacré de Takht Sri Keshgarh Sahib, Anandpur, Pendjab; Temple et sanctuaire de Sisganj, Chandi Chowk, Vieux Delhi; **PAKISTAN** Nankana Sahib (lieu de naissance de Guru Nanak), Pendjab

5

RELIGIONS VERNACULAIRES

Animisme

D'après l'animisme, tout est vivant et a une âme. Ainsi, les objets ordinaires comme les êtres animés sont habités par des êtres surnaturels qui gouvernent leur existence.

Edward Burnett Tylor (1832-1917)

chaman; totem

Le terme «animisme» est apparu pour la première fois en 1871 dans l'ouvrage de l'anthropologue Edward Burnett Tylor, *Primitive Culture*, pour désigner une «*croyance dans les esprits*». Aujourd'hui, il qualifie surtout une croyance selon laquelle le monde est une communauté d'êtres vivants – d'êtres humains, mais aussi d'animaux, d'oiseaux, de roches, de végétaux et d'ancêtres – qui possèdent tous leur propre âme, ou esprit.

L'animisme englobe également les cultures ou philosophies dont les adeptes s'efforcent d'adopter un mode de vie respectueux de tous ces êtres vivants. Certaines cultures animistes n'établissent pas de distinction entre les objets animés et inanimés, considérant que les phénomènes naturels, les éléments géographiques, les objets de tous les jours et même les objets manufacturés possèdent une âme.

Les communautés animistes se répartissent dans certaines régions d'Afrique, en Asie du Sud-Est, en Russie et aux États-Unis. L'animisme est généralement associé aux peuples indigènes, mais les néo-païens modernes, notamment les écopaïens, se revendiquent animistes, dans le sens où ils respectent la diversité des formes de la vie avec lesquelles l'homme partage la planète. Dans les sociétés indigènes, le rituel est souvent considéré comme essentiel à la survie, puisqu'il permet à la tribu ou au village de s'attirer les faveurs des esprits et de bénéficier de leur aide surnaturelle pour trouver de la nourriture et un abri, favoriser la fertilité et chasser les forces du mal. Ces rituels sont souvent exécutés par des chamans, ou prêtres, détenteurs de pouvoirs leur permettant d'être investis par les esprits. Au sein des communautés animistes, ils interviennent en qualité de médiateurs vis-à-vis des êtres non humains lorsqu'une situation peut s'avérer dangereuse pour les non-initiés ou les novices, ou lorsqu'il faut affronter la myriade d'esprits errants susceptibles de nuire aux humains.

L'animisme ne saurait être considéré comme une confession malgré sa nature religieuse, mais plutôt comme une réalité vécue.

↑ **Totem aigle, Indiens d'Amérique du Nord**
L'aigle d'Amérique, ou aigle à tête blanche, est le totem des peuples indigènes d'Amérique du Nord. Toutefois, les croyances relatives aux totems ne se limitent pas aux Amérindiens. On trouve des croyances analogues sur presque toute la planète, y compris en Europe occidentale et orientale, en Afrique, en Australie et dans la région polaire arctique. Un totem est un animal ou un objet naturel qui protège ou aide un groupe de personnes, que ce soit une famille, un clan ou une tribu.

← **Maison des esprits, institut Chiangmai Rajabhat, Thaïlande**
Nation acquise au bouddhisme theravada, la Thaïlande s'enrichit également d'une forte tradition animiste. Ici, les éléphants représentent la royauté et les fleurs sont une offrande à la royauté et aux esprits. La maison des esprits se trouve sur le site de l'institut technique public Rajabhat, qui jouit désormais du statut d'université.

AUSTRALIE Ayers Rock, Uluru, Territoire du Nord; **CANADA** Stanley Park, Vancouver; **THAÏLANDE** Sanctuaire d'Erawan, Bangkok

Vaudou

Le terme vaudou (ou encore vaudoo, vodou…) désigne les diverses branches des traditions religieuses animistes et spiritistes vénérant les ancêtres apparues en Afrique de l'Ouest avant de gagner d'autres régions du monde dans le sillage de l'esclavage.

AGWE ; OBATALA ; OGUN ; OLORUN ; SANGO

hounfor ; *hougan* ; *loa* ; *mambo;* poteau-mitan

Travesti par les représentations hollywoodiennes, le vaudou et les croyances qui lui sont associées n'ont rien à voir avec une religion diabolique, violente, aux rituels étranges. Le vaudou a les mêmes racines que diverses religions originaires d'Afrique de l'Ouest, notamment du Bénin, du Togo, du Nigeria et du Ghana. Pratiquées par les Yorubas, elles se diffusèrent à travers le Nouveau Monde en raison de la migration forcée des esclaves née de la colonisation. On estime que quelque soixante millions de personnes pratiquent ces religions, notamment le candomblé, le quimbanda, l'umbanda et la santeria en Amérique du Sud. Seule une minorité des Fons, Mina et Ewe, peuples originaires du Bénin (anciennement Dahomey) et de l'État de Rivers au sud du Nigeria, pratiquent le vaudou en Afrique. Il est principalement représenté à Haïti et dans plusieurs villes des États-Unis où se sont implantés des migrants haïtiens.

Traditionnellement, on définit le vaudou comme l'alliance syncrétique de religions afri-

caines et du catholicisme romain. En Haïti comme dans les autres îles des Antilles, les esclaves étaient baptisés de force dans l'Église catholique, tout en continuant à observer leurs pratiques religieuses autochtones. Cependant, le vaudou se distingue de la santeria (Cuba), en ce sens qu'il n'a pas fusionné les saints catholiques et les dieux yorubas, mais a conservé les identités propres aux esprits vaudous.

Il apporta un grand soutien aux esclaves africains durant les périodes de terrible oppression – chaque année, vingt-cinq mille d'entre eux mouraient. Le vaudou fut aussi le principe d'organisation sous-tendant les rébellions d'esclaves du XVIIIe siècle et la création du premier État noir indépendant dans le Nouveau Monde en 1804.

Les prêtres (*hougan*) ou les prêtresses (*mambo*) vaudous, capables d'être possédés par les esprits, pratiquent leurs rituels dans un temple, le *hounfor* (ou *humfort*). Au centre du *hounfor* se dresse le poteau-mitan, symbole de la communication des pratiquants avec Obatala – créateur des corps humains – et les esprits (*loa*). Les autels sont soigneusement ornés de bougies, d'objets symboliques et de représentations des saints catholiques romains, généralement associés aux *loa*.

Le vodou s'intéresse aux relations entre les vivants et les morts (ancêtres), les esprits invisibles et les dieux. Les pratiquants tentent de gagner les faveurs de ces esprits par des sacrifices d'animaux et des offrandes. Aussi, la possession par les esprits, la musique et la danse occupent-elles une place centrale dans les rites. La priorité est toutefois accordée à la guérison, et les guérisseurs traditionnels et les prêtres sont à la disposition de tous pour chasser les mauvais esprits responsables des maladies. Les pratiquants croient en de nombreux esprits puissants – à l'instar d'Agwe (esprit de la mer), d'Ogun (esprit de la guerre) et de Sango (esprit de la tempête) – mais en un seul Dieu, Olorun, inaccessible et inconnaissable.

← **Cérémonie vaudou de Sakapta, Bénin, Afrique de l'Ouest**
Le Bénin est le berceau de la religion vaudou et c'est là que se tiennent chaque année les plus grands rassemblements. Lors des cérémonies, une chèvre, un mouton, un poulet ou un chien est parfois sacrifié rituellement, c'est-à-dire tué sans cruauté en lui tranchant la gorge, le sang étant recueilli dans un récipient. Le *loa* est ainsi rassasié, l'animal est ensuite cuisiné et mangé. Le sacrifice animal est une manière de consacrer la nourriture avant de la consommer.

É.-U. Église des sept puissances africaines, Miami, Floride; Circuit vaudou de La Nouvelle-Orléans, La Nouvelle-Orléans; **HAÏTI** Temple Duverger, Carrefour; Temple Gressier, Gressier; **TOGO** Fête Epe Ekpe, Glidji, près de Lomé

Néo-druidisme

S'inscrivant dans la mouvance néo-païenne, le néo-druidisme s'efforce de redonner vie aux croyances et pratiques de l'antique druidisme celtique.

IOLO MORGANWG (1747-1826); ROBERT MACGREGOR REID († 1964) ; ROSS NICHOLS (1902-1975)

Bardes; Beltaine; Imbolc; Lugnasad; ovates; Samhain

Dans tout le Royaume-Uni, en Europe et aux États-Unis, de nombreuses assemblées de druides se revendiquent à divers degrés des traditions historiques du druidisme de l'Antiquité. D'autres font fi du druidisme historique, œuvrant directement avec les esprits des lieux, des divinités et de leurs ancêtres pour donner naissance à un nouveau druidisme, ou néo-druidisme. Dans les sociétés celtiques antiques, le terme «druide» désigne la classe sacerdotale: les bardes, gardiens des traditions et de la mémoire transmises grâce aux arts celtiques, les ovates, guérisseurs, devins et prophètes, et enfin les druides, prêtres et prêtresses en charge des rituels. Nombre de mouvements néo-druidiques, comme l'ordre des bardes, ovates et druides, fondé par Ross Nichols au Royaume-Uni, perpétuent ces divisions.

Toutefois, on sait peu de chose sur le druidisme antique. Le principal panthéon des divinités devait compter environ une trentaine de dieux et déesses, dont les plus populaires sont Arawn, Brigit, Cernunnos, Ceridwen, Danu, Herne, Lugh, Morgan, Rhiannon et Taranis. Dès le XVIIIe siècle, plusieurs sociétés secrètes apparurent au Royaume-Uni, se proclamant les successeurs des druides antiques – comme l'*Ancient Order of Druids et l'Order of the Universal Bond*. Plus tard rebaptisé *Ancient Druid Order*, ce mouvement perdura, mais à la mort de son chef Robert MacGregor Reid, en 1964, il se scinda en diverses factions qui prospérèrent également. Les enseignements de ces ordres s'inspirent de Iolo Morganwg, rénovateur de la philosophie et des rites bardes et

dont les idées continuent de nourrir les mouvements néodruidiques.

Au cours des dernières décennies, on a assisté à une explosion des ordres et mouvements druidiques au Royaume-Uni, notamment le *British Druid Order* (Ordre des druides de Grande-Bretagne). Aux États-Unis, la première congrégation des *Reformed Druids of North America* fut établie en 1963.

Dans leurs pratiques, les druides recourent à un large éventail de techniques divinatoires: interprétation des rêves grâce à des figures formées par des bâtonnets jetés au sol et étude du vol des oiseaux. Les valeurs druidiques recouvrent les vertus celtiques – honneur, loyauté, hospitalité, honnêteté, justice et courage. Les druides, aujourd'hui comme par le passé, célèbrent diverses fêtes du feu le premier jour des quatre mois de Samhain (novembre), Imbolc (février), Beltaine (mai) et Lugnasad (août). Ces cérémonies démarrent au coucher du soleil et durent trois jours. Des feux de joie sont allumés au sommet d'une colline et des couples sautent par-dessus ou courent entre deux feux.

←↑ **Stonehenge, Wiltshire, Angleterre**
Stonehenge est de longue date associé aux druides modernes. En 1624, Edmond Bolton attribua sa construction à la reine guerrière celtique Boudicca (ou Boadicée). Mais en 1649, John Aubrey suggéra que les druides en étaient probablement à l'origine. Bien que ces deux théories ne soient que des hypothèses, les druides célèbrent les cérémonies des solstices à Stonehenge depuis au moins le XIXe siècle.

R.-U. Cercle de pierres d'Avebury, Avebury, Wiltshire, Angleterre; The Longstone, île de Wight; Mont Snowdon, parc national de Snowdonia, pays de Galles; Thornborough Henges, Yorkshire du Nord, Angleterre; Woodhenge, Amesbury, Wiltshire

Néo-paganisme

Les universitaires emploient le terme «néo-paganisme» pour désigner le phénomène contemporain de renaissance de toute une série de traditions religieuses vouant un culte à la nature, souvent déifiée. Les adeptes, quant à eux, préfèrent le terme «paganisme».

James George Frazer (1854-1941); Arthur Edward Waite (1857-1942); William Butler Yeats (1865-1939); Aleister Crowley (1875-1947)

celtique; druidisme; wicca

Le néo-paganisme est un terme générique qui désigne un ensemble de nouvelles religions influencées par des croyances antiques ou préchrétiennes, principalement d'origine indo-européenne. Ces religions sont par essence païennes. Le néo-paganisme se divise en deux branches principales. La première, syncrétique, cimente l'union d'une mosaïque de pratiques religieuses, de coutumes populaires et de rituels issus de tout un éventail de sources. La seconde, reconstructionniste, regroupe les adeptes qui s'efforcent de recréer des traditions authentiques au regard de l'histoire, avec plus ou moins de succès.

Phénomène postchrétien de l'ère moderne, le néo-paganisme plonge ses racines dans le romantisme du début du XIXe siècle et dans le regain d'intérêt que suscita le paganisme germanique lors de la résurgence des traditions vikings observée dans les îles britanniques et en Scandinavie. D'autre part, la fin du XIXe siècle vit réapparaître diverses formes d'occultisme occidental, notamment en Angleterre, à l'image de sociétés comme l'ordre hermétique de l'Aube dorée. Des écrivains et artistes de renom s'y engagèrent – dont William Butler Yeats, Arthur Edward Waite et Aleister Crowley. Ces mouvements tentèrent de fusionner en un seul système les croyances druidiques et égyptiennes. *Le Rameau d'or*, œuvre publiée par l'anthropologue James George Frazer, eut une influence particulière en la matière.

Le néo-paganisme met généralement l'accent sur le caractère sacré de la terre et de la nature, ses principales mouvances englobant le druidisme et la wicca, ainsi que diverses renaissances du folklore celtique, islandais, germanique et scandinave.

Les néo-païens ne disposent pas de temples spécifiques, les rituels se tenant habituellement dans des maisons individuelles ou des lieux sacrés extérieurs. Beaucoup pratiquent leur foi en solitaire, sans être rattachés à une communauté spirituelle déterminée. L'ouvrage de référence des néo-païens, le *Livre des ombres*, est un recueil d'enchantements et de sorts.

← **Glastonbury Tor, Somerset, Angleterre**

Bien que Glastonbury Tor soit un site chrétien, il a pris une grande importance aux yeux des néo-païens, qui affirment qu'il s'agit d'Avalon, île mythique où vivent le roi des fées et la déesse Rhiannon. D'aucuns pensent que les terrasses témoignent d'un labyrinthe néolithique édifié en hommage à la déesse. Le Tor est surmonté des ruines de l'église médiévale dédiée à saint Michel.

L' «homme vert», bas-relief de l'église de Crowcombe, Crowcombe, Somerset, Angleterre
Gravé sur un banc de l'église, ce visage représente l'«homme vert». Ce terme inventé par lady Raglan en 1939 désigne un personnage médiéval que l'on retrouve fréquemment dans les églises. On sait peu de chose sur ses origines. Il s'agirait d'un dieu païen de la Fertilité.

FRANCE Erlannic, golfe du Morbihan, Bretagne; Cordon des Druides, alignement de pierres, Ille-et-Vilaine, Bretagne; **R.-U.** Cercle de pierres de Callanish, île de Lewis, Écosse; Stonehenge, Salisbury, Wiltshire, Angleterre; Val d'Avalon, Glastonbury, Somerset, Angleterre; Woodhenge, Amesbury, Wiltshire

Wicca

La wicca est un système de croyances et un mode de vie païens qui s'appuient sur la résurgence de traditions de sorcellerie pratiquées avant l'ère chrétienne en Irlande, en Écosse et au pays de Galles. Elle fut grandement influencée par les activités de Gerald Gardner.

MARGARET MURRAY (1863-1963); GERALD GARDNER (1884-1964); DOREEN VALIENTE (1922-1999)

covens; *esbats*; *magick*; sabbats; sorcellerie

En 1952, Margaret Murray promut la thèse selon laquelle certaines sorcières exterminées par les chrétiens au Moyen Âge étaient les survivantes d'une religion antérieure, organisée et prédominante en Europe avant l'avènement du christianisme. Mais c'est à Gerald Gardner, auteur de plusieurs ouvrages sur le sujet, qu'est généralement attribuée l'expansion de la wicca en tant que mouvement de grande envergure. Née en Angleterre dans les années 1950, la wicca a connu un formidable essor en Amérique du Nord et en Europe, comptant désormais quelque sept cent cinquante mille adeptes environ aux États-Unis.

Selon Gardner, la wicca émane de rituels préhistoriques consacrés à la chasse, à la fertilité et à la guérison. Elle s'est muée en une religion qui reconnaît une divinité suprême, tout en vénérant la déesse de la Fertilité et son compère cornu, le dieu de la Chasse. D'après Gardner, ce système de croyances survécut aux invasions romaine, saxonne et normande, avant d'être très sérieusement ébranlé par les vagues de persécutions chrétiennes. Au milieu du xxe siècle, la majeure partie des croyances et rituels avait été perdue. Pourtant, c'est à cette époque que Gardner leur redonna vie, notamment avec l'aide de sa grande prêtresse Doreen Valiente. Ils allièrent les croyances et pratiques préservées à d'autres éléments issus de sources religieuses, spirituelles et cérémonielles de magie ou «*magick*» (les wiccans préfèrent parler de «*magick*», ce qui permet de différencier la capacité d'influer sur les événements et les phénomènes physiques par des moyens surnaturels de la prestidigitation ou magie de scène).

Gardner affirma avoir reçu de nombreuses lettres de membres de *covens* (rassemblements informels de sorcières) convaincus que leurs groupes existaient en continu depuis des générations, voire des siècles. Pourtant, d'autres ne partagent pas l'opinion de Gardner et insistent sur le fait qu'on ne peut attester de la présence continue de la wicca depuis l'époque celtique.

Les wiccans peuvent pratiquer en solitaire ou se rassembler en *covens*. Les *covens* se réunissent sous l'égide d'un grand prêtre ou d'une grande prêtresse, élu au sein du groupe de manière démocratique. Les rituels, consacrés à la guérison, à la divination et à la consécration des outils, émaillent les *esbats*, fêtes célébrées lors des nuits de pleine ou de nouvelle lune. Les principales célébrations sont les quatre sabbats majeurs et les quatre sabbats mineurs, fêtés aux équinoxes et aux solstices d'hiver et d'été.

← **Entrée du puits du Calice, jardins du puits du Calice, Glastonbury, Somerset, Angleterre**
Le puits du Calice compte parmi les plus anciens puits sacrés encore utilisés en Grande-Bretagne. La source est connue depuis plus de deux mille ans. Durant l'ère préchrétienne, les puits étaient considérés comme des portes donnant sur le monde des esprits et permettant de communiquer avec les dieux et les déesses des religions naturelles. Également en lien avec les légendes du roi Arthur, ce puits serait l'endroit où a été caché le Saint-Graal.

↓ **The Whispering Knights, cercle de pierres de Rollright, Chipping Norton, Oxfordshire, Angleterre**
Ce cercle de pierres, appelé *The Kings Men* (les rois), se compose également d'un mégalithe proéminent et isolé, *The King Stone* (la pierre du roi), et des vestiges d'une tombe mégalithique baptisée dans un style évocateur *The Whispering Knights* (les chevaliers qui murmurent). Selon une légende très répandue, ces pierres étaient à l'origine des humains à qui une sorcière jeta un sort.

É.-U. Georgia Guidestones, Elberton, Géorgie; **IRLANDE** Ville de pèlerinage de Cill Dara, comté de Kildare; **R.-U.** Géant de Cerne Abbas, Cerne Abbas, Dorset, Angleterre; Village préhistorique de Din Lligwy, île d'Anglesey, pays de Galles; Saints Way Logan Stone, Lostwithiel, Cornouailles, Angleterre

Satanisme

Le satanisme regroupe divers mouvements et personnes qui vénèrent Satan et sont hostiles à la culture et à la religion chrétienne occidentale, la jugeant à la fois corrompue et hypocrite.

Aleister Crowley (1875-1947); Anton Szandor La Vey († 1997) ; Michael Aquino (1946-)

Bible satanique; *magick*; Satan; Seth

La religion satanique invoque le personnage de Satan, aussi appelé Seth, afin de promouvoir le développement personnel et l'égocentrisme, souvent par opposition aux valeurs tant religieuses que culturelles du christianisme occidental. De nombreux satanistes préfèrent nommer Seth la divinité qu'ils vénèrent, faisant valoir que la description de Satan dans la Bible n'était qu'une invention destinée à alimenter la peur parmi les croyants. En revanche, Seth, loin d'être perçu comme un personnage inquiétant ou maléfique, est le rebelle par excellence, un dieu incarnant la fierté, l'intérêt personnel et la satisfaction personnelle. Pour certains cercles satanistes, Satan n'est pas une entité propre, mais un symbole de l'intérêt personnel, de l'individualisme et de l'opposition à la religion institutionnelle et à la culture dominante. Le satanisme s'inscrit alors comme une religion personnelle qui puise dans le rebelle et le scandaleux. D'autres proclament toutefois qu'ils révèrent le diable.

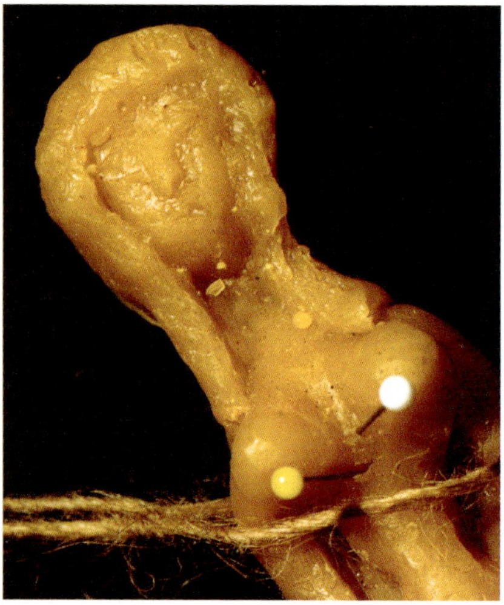

Les mouvements satanistes les plus importants sont l'Église de Satan et son rival, plus modeste, le Temple de Seth. L'Église de Satan fut fondée en Californie par Anton Szandor La Vey en 1966, lorsqu'il s'autoproclama «pape noir» et annonça l'imminence de l'«âge de Satan». Il publia *La Bible satanique* (1969) et *Les Rituels sataniques* (1972), qui demeurent des ouvrages de référence pour de nombreux satanistes et sont traduits en plusieurs langues. Quant au Temple de Seth, il fut établi en 1975 par Michael Aquino, ancien disciple de l'Église de Satan. Le Temple de Seth croit en Satan en tant qu'être à part entière, alors que l'Église de Satan n'y voit qu'un symbole. Les satanistes sont influencés par les pratiques et les théories d'Aleister Crowley, notamment les rituels et les cérémonies de «*magick*» – magie qui permet de changer le monde grâce à la mise en œuvre de la volonté individuelle.

Charles Manson, célèbre meurtrier reconnu coupable par la justice, est associé à divers mouvements, mais aucune preuve tangible

n'a jusqu'à présent permis de confirmer son appartenance à une quelconque organisation sataniste. Des liens avec la criminalité ont également été évoqués en ce qui concerne la question très médiatisée des sévices collectifs infligés à des enfants dans le cadre de pratiques satanistes, mais ces « informations » ne sont que rarement fondées.

Statuette utilisée en sorcellerie, Paris, 1986
Satan incarne le monde souterrain, la sorcellerie et l'opposition aux dieux en place. Dans certaines cérémonies de sorcellerie pratiquées depuis des siècles, des statuettes comme celle-ci servent à représenter une personne lors d'un rituel ou d'un sortilège. Ces poupées, statuettes ou objets étaient souvent fabriqués en argile ou en cire, ou avec des effets appartenant à la personne concernée.

↑ **Haut-relief roman du XIe siècle figurant un pacte avec le diable**
Dans le folklore traditionnel, le pacte avec le diable suppose de « vendre son âme », mais les satanistes contemporains ne souscrivent pas à cette vision. La notion de pacte sous-entend une condamnation indirecte de ses propres inhibitions irrationnelles ou un moyen de conclure un marché avec Satan ou d'autres esprits pendant un temps donné. D'autres le considèrent pourtant comme un vœu solennel d'allégeance durable à Satan.

É.-U. The Church of Satanic Liberation; **NOUVELLE-ZÉLANDE** The Order of the Deorc Fire; Ordre de la voie de la main gauche; **R.-U.** Société du lys noir; Ordre des neuf angles

6

RELIGIONS RÉGIONALES

Shintoïsme

Religion nationale du Japon, le shintoïsme se fonde sur le culte ou la vénération des *kami*, esprits primitifs et indigènes qui se distinguent des divinités bouddhistes.

KADA NO AZUMAMARO (1669-1736); KAMO MABUCHI (1697-1769); MOTOORI NORINAGA (1730-1801); HIRATA ATSUTANE (1776-1843)

fuke shinto; *kami*; Kojiki; Nihon Shoki; ryobu shinto

Bien que le shinto (la voie des dieux) jouisse désormais du statut de religion d'État officielle au Japon, son histoire met en évidence un amalgame éclectique de diverses mouvances de la vie religieuse japonaise. Le terme «shinto» apparaît pour la première fois moins de trente ans après l'introduction du bouddhisme au Japon, au milieu du VIe siècle. Son apparition dénote sans doute le besoin de dissocier cette nouvelle religion des religions traditionnelles autochtones déjà pratiquées au Japon. Toutefois, le shinto donna plus tard naissance à des mouvements syncrétiques associés au bouddhisme. Aujourd'hui encore, le shinto jouit du statut de religion d'État, parallèlement à tout un éventail de pratiques traditionnelles populaires qui forment la religion vernaculaire japonaise. Dans le Japon actuel, les anciennes traditions du shinto d'État ou du shinto impérial coexistent avec les nouvelles mouvances du shinto des sectes.

On trouve les premières sources du shinto dans le Kojiki (*Chronique des faits anciens*) et le Nihon Shoki (*Annales du Japon*), datant du VIIIe siècle. Ces deux ouvrages relatent les mythes de la création qui expliquent les origines du Japon et de ses esprits primitifs.

Au cours des VIIe et VIIIe siècles, le bouddhisme et le shinto fusionnèrent lorsque, en 765, l'impératrice Shotoku décréta que les esprits du shinto se devaient de protéger et révérer les enseignements de Bouddha – donnant ainsi naissance aux mouvements du ryobu shinto (ou shinto aux deux visages).

Dès le XVe siècle, une tendance croissante prônait la purification des

influences étrangères en matière de religion. Aussi la théorie selon laquelle les esprits du shinto, ou *kami*, étaient inféodés aux bouddhas fut-elle délaissée au profit d'une conception définissant les bouddhas et *bodhisattvas* comme des incarnations des *kami*.

Ce shintoïsme réformé, baptisé fuke shinto (shinto de la restauration), fait résonner les noms de quatre érudits: Kada no Azumamaro, Kamo Mabuchi, Motoori Norinaga et Hirata Atsutane. Cette version nouvelle, ou purgée, de la religion nationale japonaise mettait l'emphase sur le Japon en tant que terre des dieux, gouvernée par une lignée ininterrompue d'empereurs nés du soleil en parfaite harmonie avec la déesse du Soleil. Toutefois, elle n'intégrait pas d'enseignements éthiques, de doctrines de la libération ni de croyances concernant la vie après la mort. Au XIXe siècle, apparurent de nouvelles sectes prenant en compte ces questions, à l'image de tenrikyo, et leur succès en dit long sur l'enracinement du shinto dans la psyché et la culture religieuses au Japon.

↑ Divinités du shinto
Le bouddhisme introduisit au Japon le concept d'images de représentation et, dès le IXe siècle, le clergé du shinto, en étroite collaboration avec les clans aristocratiques en charge du pouvoir et de la justice, autorisait la production d'images sculptées à l'effigie des *kami*, destinées à orner les sanctuaires. Ces *kami* prenaient généralement les traits d'aristocrates, hommes ou femmes, à l'instar de ce couple assis datant de la période Heian (XIIe siècle), désormais exposé au Musée d'art de Cleveland, Ohio, États-Unis.

← Dragon *kami*
Les *kami* forment un système qui permet aux Japonais d'appréhender l'ensemble du monde naturel comme étant à la fois sacré et profane. Les *kami* sont des dieux et des esprits, mais aussi des océans et des montagnes, des tempêtes et des tremblements de terre, vénérés pour leurs pouvoirs. Ils répondent aux prières des humains et peuvent influer sur les forces naturelles et le cours des événements à l'échelle humaine. Selon la tradition shintoïste, il y a huit millions de *kami* au Japon.

JAPON Sanctuaire d'Ise Jingu, ville d'Ise, préfecture de Mie; Sanctuaire d'Izumo Taisha, Izumo, préfecture de Shimane; Sanctuaire de Meiji Jingu, Tokyo; Sanctuaire de Tsurugaoka Hachiman, Kamakura; Sanctuaire de Yasaka-Jinja, Kyoto

Religion monothéiste de l'Antiquité fondée en Perse par Zarathoustra, le zoroastrisme voue un culte à Ahura Mazda, Dieu unique, par l'entremise de cérémonies du feu élaborées. Le monde est le théâtre d'une lutte cosmique opposant le bien et le mal.

ZARATHOUSTRA (VIIe s.- VIe s. av. J.-C.); CYRUS LE GRAND († 530 av. J.-C.) ; KERDER (IIIe s. av. J.-C.); TOSAR (IIIe s. av. J.-C.); ASTVATERETA

Ahura Mazda; Angra Mainyu; *atar*; *frashokeriti*; Spenta Mainyu

La religion d'État dans la Perse antique de Cyrus le Grand puise dans les conceptions et les enseignements de Zarathoustra, ou Zoroastre. Sa vision du monde était celle d'une lutte cosmique entre Angra Mainyu, l'esprit du mal, et Spenta Mainyu, l'esprit du bien, tous deux créés par Ahura Mazda, le Dieu unique. Ce conflit fondamental fait partie de la vie de tous, et chacun jouit du libre arbitre afin de choisir entre le bien et le mal, et de la responsabilité morale afin de promouvoir activement le bien et de contribuer à faire avancer le monde entier vers *frashokeriti*, la résurrection finale. Chacun vivra alors dans un état de perfection et de félicité éternelles. Le plus grand des sauveurs attendus est Astvatereta. Les doctrines zoroastriennes reposent sur les textes antiques de l'Avesta, qui comprend notamment les Gathas – hymnes qui auraient été composées par Zarathoustra. Cette forme précoce de monothéisme a influencé le judaïsme, l'islam et le christianisme.

Si le zoroastrisme s'établit en tant que religion d'État, c'est en grande partie grâce à Kerder et Tosar. Mais l'arrivée de l'islam en Perse provoqua son rapide déclin. Il reste pratiqué au sein de petites communautés en Iran, en Inde, en Europe occidentale et en Amérique du Nord. Il s'agit bien souvent de personnes ayant émigré d'Inde, dont la communauté est établie à Bombay (désormais Mumbai) depuis le XIe siècle; ce sont les Parsis. Il y a deux cent cinquante mille zoroastriens dans le monde, unis par leurs rituels dédiés au feu sacré. Tous les temples comprennent un feu sacré (*atar*) entretenu de manière rituelle qui ne doit jamais s'éteindre. Par ailleurs, les zoroastriens interdisent la crémation ou l'inhumation. Ils avaient coutume de placer leurs morts sur des plates-formes surélevées appelées «Tours du silence», où ils se décomposaient naturellement. Aujourd'hui, dans certains pays, un cercueil métallique inclus dans du ciment est placé au cimetière.

← **Bas-relief, Persépolis, Iran**
Ce bas-relief représente le symbole zoroastrien du faravahar, ou farohar, esprit d'un être humain qui préexiste à sa naissance et continue d'exister après sa mort. Ce symbole est interprété comme un rappel du but de la vie – progresser spirituellement et atteindre l'union avec Ahura Mazda.

↓ **Ancien temple du Feu, Surakhany, Bakou, Azerbaïdjan**
Ce temple du Feu est probablement antérieur à l'histoire. Il fut reconstruit par un marchand hindou au début du XIXe siècle et entretenu par la communauté des Parsis de Bombay, qui prit en charge un prêtre assistant.

INDE Temple du Feu Ajmer Parsi Zarthosi Anjuman, Ajmer, Rajasthan; Temple du Feu Navsari Anjuman, Mota Falia, Navsari, Gujarat; **IRAN** Cité antique de Persépolis; Temple et centre de pèlerinage de Pir-e Naraki, Yazd; Temple et centre de pèlerinage de Pir-e Sabz (Chak Chaku), Yazd

Taoïsme

Cette religion et philosophie chinoise s'articule autour du concept du *tao*, défini comme le vide, le non-être et la non-action, et scinde l'univers en deux énergies polaires, le *yin* et le *yang*.

LAO-TSEU (Ve-VIe s. av. J.-C.); TCHOUANG-TSEU (369-286 av. J.-C.); ZHANG DAOLING (IIe s.); ZHANG-LU (IIe s.); YANG-HSI (IVe s.)

Lao-Chung; *tai ping*; *tao*; *yin*; *yang*

En Chine, le taoïsme se posa en rival du confucianisme et du bouddhisme au Ve siècle avant l'ère chrétienne. Le légendaire Lao-tseu, ou Lao Zi, aurait été contemporain de Confucius; mais le célèbre Dao De Jing, le *Livre de la voie et de la vertu*, a certainement été écrit ultérieurement. Ce texte livre la philosophie du taoïsme et professe l'existence d'un principe sous-jacent et ineffable, le *tao* (la voie), omniprésent dans l'univers. Tout comme dans le confucianisme, les êtres humains doivent s'efforcer de vivre en harmonie avec le *tao*. En revanche, le taoïsme se démarque en affirmant que la nature agit de manière spontanée, et qu'il est donc nécessaire de cultiver le naturel et la spontanéité. Aussi ne peut-on se conformer à l'harmonie avec le *tao*, pas plus qu'on ne peut l'enseigner. La tradition taoïste est quiétiste, mettant en avant la méditation et la paix intérieure. Les enseignements de Lao-tseu ont été poursuivis par Tchouang-tseu, ou Zhuang Zi, à partir du IVe siècle avant l'ère chrétienne.

En 142 apr. J.-C., après avoir eu la vision d'un Lao-tseu déifié, Zhang Daoling organisa le taoïsme en une véritable confession. Bien qu'ayant maille à partir avec les autorités, son petit-fils Zhang-Lu parvint à obtenir la protection et la faveur de l'empereur de la dynastie Wei. La nouvelle religion divinisa Lao-tseu, en tant que maître céleste (Lao-Chung), manifestation incarnée du *tao*. Cette forme de taoïsme est encore pratiquée, sous l'égide d'une longue lignée de maîtres célestes. Les adeptes s'efforcent de parvenir au *tai ping*, état d'harmonie intérieure avec le *tao*, par l'entremise de méditations de type chamanique, qui suscitent des apparitions des maîtres célestes et, finalement, du Lao-tseu cosmique. Par ailleurs, le taoïsme mit au point des techniques d'alchimie et de guérison visant à prolonger la longévité, voire à offrir l'accès à l'immortalité. À cet effet, l'école Shangqing, fondée par Yang-Hsi, privilégie la méditation et la visualisation des divinités célestes qui peuvent transporter l'adepte vers les royaumes cosmiques, où elles se procurent la nourriture de l'immortalité.

L'empereur Kao-Tsung, ou Gaozong (649-683), décréta la création de monastères taoïstes et bouddhistes financés par l'État dans tout l'Empire chinois – situation qui devait perdurer en Chine continentale jusqu'en 1911.

Symbole taoïste du *yin* et du *yang*
Le symbole taoïste du *yin* et du *yang* dépeint l'univers comme un tout, composé de deux forces fondamentales et opposées, mais complémentaires. La partie claire est le *yang*, masculin et fort comme le soleil. La partie sombre est le *yin*, féminin et fertile comme la terre. Le *yin* et le *yang* font intervenir les deux principes du *li* (idée), le monde de l'abstraction, et du *qi* (matière), le monde matériel. Le taoïste s'efforce de parvenir à un équilibre entre les deux.

Rouleau suspendu représentant le Royaume des souverains des montagnes et les six esprits du foyer, 1600, dynastie Ming
Exemple de rouleau suspendu de la dynastie chinoise des Ming (1368-1644). Le rouleau présente quelques-uns des innombrables esprits et divinités vénérés dans le taoïsme tardif, notamment le dieu du fourneau, le dieu de la Porte, le dieu de la Porte de la cuisine, le dieu du Puits et le dieu de la Terre, tous étant des divinités du foyer. Ce rouleau appartient au musée national des Arts asiatiques, Guimet, Paris.

CHINE Temple Qinghua Gong, Xi'an; Temple du Nuage blanc, Pékin; Temples taoïstes du Wudang, province du Hubei; **CORÉE DU SUD** Fresques murales des tombes de Koguryo, près de Kangso, Pyongan-do; **TAÏWAN** Temple Longshan, Taipei

Confucianisme

Système de gouvernement et règles de conduite destinées aux membres des classes dirigeantes, le confucianisme aurait existé depuis des temps immémoriaux, avant d'être enseigné par le dernier des « sages parfaits », Kongfuzi (Confucius).

KONGFUZI/CONFUCIUS (551-479 av. J.-C.); HSUN-TZU (IIIe s. av. J.-C.); MENG-TZU/MENCIUS (371-289 av. J.-C.); ZHU XI (1130-1200); LIU CHIU YUAN (1139-1193)

chun-tzu; *he*; *hsun-tzu*; *Jen; li*

« Confucius » est la version latinisée du nom Kongfuzi, ou Maître Kong, par les missionnaires jésuites. À bien des égards, il est inapproprié d'appeler religion le confucianisme, car il s'agit bien davantage d'un code de conduite préconisé pour les classes dirigeantes chinoises, qui ne fait aucunement référence au surnaturel, mais plutôt à l'idéal d'un être supérieur qui incarne toutes les vertus (*chun-tzu*). Préoccupé par les guerres que se livraient sans répit les clans à son époque, Confucius rechercha dans les rituels anciens des orientations en matière d'éthique humaine et des principes moraux à même d'aider les hommes à traverser cette période troublée. On sait peu de chose sur sa vie, mais il fonda la première tradition de sagesse chinoise écrite, plus d'un siècle avant le taoïsme. Ses discours nous sont parvenus grâce au livre intitulé *Analectes*, ou *Entretiens*. Jusqu'à sa suppression en 1911 comme philosophie d'État, les idées qu'il renferme ont considérablement imprégné le comportement des Chinois.

Confucius reçut une bonne éducation, ce qui laisse à penser qu'il appartenait à l'élite aristocratique. Pourtant, il souhaitait ouvrir à tous sa propre académie – l'une de ses idées révolutionnaires. Il croyait fermement au concept de vrai gentleman (*hsun-tzu* ou *junzi*), défini par son comportement moral bien plus que par sa naissance. Selon Confucius, le bon gouvernement doit s'appuyer sur la persuasion morale et l'exemple, et il faut favoriser les rites et cérémonies (*li*) afin d'inculquer un comportement droit et de promouvoir un service public loyal, en vue de créer l'harmonie (*he*). À près de 50 ans, il se consacra à l'enseignement dans l'État de Lu, avant de s'exiler et de partir sur les routes pendant treize ans, suivi par un petit groupe d'étudiants loyaux. Il rentra à Lu à l'âge de 68 ans, où il mourut cinq ans plus tard.

L'enseignement de Confucius ne trouva qu'un faible écho à son époque, mais exerça par la suite une profonde influence sur la pensée morale et philosophique du peuple chinois. Son idéal d'érudit assurant les fonctions d'administrateur devait également marquer la gouvernance de la Chine pendant près de deux mille ans.

Meng-Tzu (Mencius) et Hsun-Tzu fondèrent par la suite de célèbres écoles rivales puisant dans les enseignements de Confucius, dont les doctrines se dissociaient quant à la perception de la nature humaine. Le néoconfucianisme – système métaphysique rival du bouddhisme et du taoïsme – se constitua sous la dynastie Song (960-1279): Zhu Xi déclara que la nature de la réalité trouvait sa source dans un absolu suprême (*Jen*), tandis que Liu Chiu Yuan affirma que l'univers et l'esprit ne faisaient qu'un. Tous deux pensaient en outre que les êtres humains pouvaient se perfectionner par le développement personnel moral et éthique.

Traditionnellement, les Chinois ont appliqué les principes du confucianisme parallèlement au taoïsme et au bouddhisme, mais aujourd'hui il est surtout implanté au Viêt Nam, en Corée et à Taïwan, plutôt qu'en Chine continentale.

Peinture représentant Confucius
Peinture chinoise traditionnelle de Confucius. Bien qu'il n'existe pas de portrait ni de représentation réalisés de son vivant, les artistes chinois l'ont généralement dépeint comme un vieil homme doux et sage.

Temple confucéen de Fuzi Miao, Nankin, Chine
Édifié sous la dynastie Song, en 1034, le temple de Nankin fut agrandi sous la dynastie des Jin orientaux. Les bâtiments furent détruits et reconstruits à maintes reprises. Le temple fut gravement endommagé par les Japonais en 1937, avant d'être reconstruit par le gouvernement chinois, en intégrant autant que possible les pierres d'origine.

CHINE Temple et sanctuaire de Confucius, Qufu; Temple de Confucius, Pékin; Temple impérial, Hangzhou; **TAÏWAN** Temple confucéen, Talung Street, Taipei; Temple de Confucius, Taichung

Druze

Dérivé de la tradition chiite, le système de croyances des Druzes tire son nom de l'un de ses fondateurs, al-Darazi. Il s'articule autour de la divinité proclamée d'un autre de ses fondateurs, le calife fatimide al-Hakim.

MUHAMMAD AL-DARAZI († 1020) ; AL-HAKIM (985-1021); HAMZAH IBN ALI IBN AHMAD († 1021) ; KAMAL JOUMBLATT (1917-1977); ÉMIR MAGID ARSLAN (1908-1983)

hikma; *juhhal*; *uqqal*

Les Druzes croient que le calife fatimide Al-Hakim, qui fit détruire l'église du Saint-Sépulcre à Jérusalem, est l'incarnation de Dieu. Il a été occulté et est destiné à revenir sur terre afin d'établir un nouvel âge d'or. Dieu s'est également manifesté au travers de cinq ministres supérieurs, qui font autorité sur les fonctionnaires, les religieux et les chefs des communautés. Toutefois, ce système hiérarchique demeure obscur, car la *hikma* (théologie druze) est uniquement transmise à l'élite cléricale initiée (*uqqal*) qui pratique la religion au nom des membres de la communauté, les *juhlal* (ignorants). La religion druze fut propagée grâce à deux disciples d'Al-Hakim, Muhammad al-Darazi et un Perse du nom d'Hamzah ibn Ali ibn Ahmad.

Les Druzes ne pratiquent que quelques rituels musulmans chiites, comme la prière, le pèlerinage ou le jeûne du Ramadan, mais observent sept principes moraux : l'amour de la vérité, l'entraide, la renonciation à toute autre religion, l'évitement du démon et de tous les malfaiteurs, la reconnaissance de l'unité divine de l'humanité, l'approbation de tous les actes d'Al-Hakim et la soumission absolue à sa volonté. À la différence des autres religions sémites, les Druzes croient en la réincarnation, toutes les âmes renaissant en permanence dans d'autres êtres humains jusqu'à ce que la perfection soit atteinte, permettant ainsi l'union avec Dieu. Le ciel est le lieu où s'arrête la renaissance, et l'enfer la distance vis-à-vis de Dieu que toute âme ressent sur son cheminement vers la perfection.

Les Druzes habitent dans les États du Levant, au Moyen-Orient. Ils sont particulièrement présents dans la région du Djébel el-Druze, qui leur fut léguée par la Ligue des nations en 1921, mais est actuellement répartie entre le Liban, la Syrie et Israël. Bien que farouchement indépendants et vivant dans l'isolement – le mariage avec des étrangers à la communauté est interdit, tout comme la conversion à leur religion ou l'apostasie –, les Druzes sont autorisés à vivre parmi des croyants d'autres confessions et à adopter leurs pratiques en cas de persécution. Ils jouent un rôle prédominant dans la politique du Liban. L'émir Magid Arslan prit la tête du mouvement en faveur de l'indépendance du pays en 1943, tandis que Kamal Joumblatt fonda le parti socialiste progressiste libanais au milieu du XXe siècle.

← **Sanctuaire d'Al Nabi Sabalan, Galilée, Israël**
Sabalan, prophète druze, serait soit Zébulon, sixième fils du patriarche Jacob, soit l'un des émissaires qui diffusa la religion druze au XIe siècle. Son tombeau se trouve sur les hauteurs du village druze de Hurfeish et accueille chaque année un pèlerinage festif.

↙ **Tombeau de Nabi Shueib, Galilée**
Les Druzes ont beaucoup de lieux saints, le plus important étant celui de Nabi Shueib, c'est-à-dire la tombe de Jethro (beau-père de Moïse), près des Cornes de Hittin, non loin de Tibériade. Selon la tradition druze, Saladin fit un rêve dans lequel un ange lui promettait la victoire sur les croisés. Il est dit que là où son cheval s'arrêta, il trouva le tombeau de Nabi Shueib.

↓ **L'étoile druze**
L'étoile druze symbolise les cinq ministres supérieurs et la qualité propre à chacun d'eux. Le vert représente l'esprit, nécessaire pour appréhender la vérité. Le rouge est l'âme. Le jaune représente la parole, expression la plus pure de la vérité, et le bleu la puissance de la volonté. Le blanc figure la réalisation de la volonté dans le monde matériel.

ISRAËL Tombeau d'Abou Ibrahim, Daliyet el-Carmel, mont Carmel, Haïfa; Tombeau de Nabi al-Khadr, Kafr Yasif, Acre; Tombeau de Nabi Zakarya (Zacharie), Abu Sinan, près d'Akko; **SYRIE** Tombeau d'Al-Yaafuri, Majdal Shams, plateau du Golan; Montagnes sacrées de Djébel el-Druze

Santeria

La santeria est l'une des nombreuses religions syncrétiques instituées par les Africains et importées aux Caraïbes dans le sillage des esclaves. Née à Cuba, elle mêle catholicisme hispanique et religion des Yoruba d'Afrique de l'Ouest.

Walter Eugene King (1928-2005); Ernesto Pichardo (1954–)

ashe; *ebo*; Lukumi; Olodumare; *orisha*

La santeria fut établie par les esclaves yoruba d'Afrique de l'Ouest en 1517 aux Caraïbes, bien qu'elle puise ses origines à Cuba et associe par conséquent certains aspects du catholicisme espagnol. Comme dans d'autres pays où les esclaves africains étaient transférés, on leur déconseillait, ou on leur interdisait, de pratiquer leur religion autochtone. Observant des similitudes entre leur système de croyances et le catholicisme, ils mirent au point une religion secrète qui se servait des saints et des personnages catholiques comme de façades pour leur propre dieu et leurs émissaires spirituels, les *orishas*. Lors de l'abolition de l'esclavage, la santeria continua de prospérer aux États-Unis (à New York et en Floride), en Amérique du Sud et en Europe.

Les Églises de la santeria cultivent généralement le secret. Toutefois, l'Église Lukumi Babalu Aye, créée dans le sud de la Floride par des Américains d'origine cubaine et dirigée par Ernesto Pichardo, pratique la santeria librement et publiquement, en dépit des rituels sacrificiels d'animaux. Aux États-Unis, citons également l'*African Theological Archministry*, en Caroline du Sud, fondée par Walter Eugene King, et la *Church of Seven African Powers* (Église des sept puissances africaines), fondée dans les années 1980, en Floride. On estime que le culte Lukumi (la santeria) regroupe actuellement quelque cinq millions d'adeptes aux États-Unis.

Ils croient en un Dieu unique et suprême, Olodumare, source principale de l'*ashe*, l'énergie spirituelle qui fonde l'univers, toute vie et les objets matériels. Olodumare communique avec le monde par l'entremise des *orishas*, qui gouvernent les forces de la nature et la vie humaine. On peut approcher les *orishas* par la prière, les offrandes rituelles (*ebo*) et la possession par la transe. Ils viennent souvent secourir les disciples, les guidant vers une vie meilleure. Olodumare correspond à Jésus-Christ dans le catholicisme et les *orishas* aux différents saints.

← **Sainte patronne de Cuba, El Cobre, Cuba**
Dans la santeria, la Vierge de la Charité, proclamée sainte patronne de Cuba en 1916 par le pape Benoît XV, est associée à l'*orisha* Ochun, déesse yoruba de l'Amour et de la Danse, qu'incarne la couleur jaune. Les esclaves africains se sont servis de l'iconographie catholique romaine pour masquer leurs propres divinités.

Autel de la santeria, La Havane, Cuba
Couverts d'images d'esprits et d'offrandes, les autels se trouvent dans des lieux publics, des sous-sols ou des chambres. Dédiés à un seul esprit ou à plusieurs, leur agencement doit répondre à la nature de l'esprit qu'ils honorent.

É.-U. African Theological Archministry, Sheldon, Caroline du Sud ; Église Lukumi Babalu Aye, Hialeah, sud de la Floride ; Église des sept puissances africaines, Miami, Floride

Bahaïsme

Les bahaïs suivent l'enseignement de Bahä' Allâh, disciple du Bab, qui fonda au XIXe siècle un mouvement messianique en Iran. Ses adeptes le considéraient comme leur lien avec l'Imam caché des musulmans chiites.

MIRZA HUSSEIN ALI NURI/BAHÄ' ALLÂH (1817-1892); SAYYID ALI MUHAMMAD/LE BAB (1819-1850); SHOGHI EFFENDI RABBANI (1899-1957)

gardien de la foi; Kitab i-Aqdas; Maison universelle de justice; ordre administratif

Religion relativement nouvelle fondée au XIXe siècle en Iran, le bahaïsme compte aujourd'hui environ deux millions d'adeptes dans le monde et connaît un vif essor en Asie du Sud et en Afrique. Ses racines plongent dans les enseignements eschatologiques des musulmans chiites, mais il a transcendé ses origines pour devenir une religion distincte dotée de ses propres caractéristiques. Le bahaïsme demeure la plus importante minorité religieuse en Iran, où il fait face à d'énormes difficultés depuis la révolution islamique.

Le précurseur de la foi bahaïe fut Sayyid Ali Muhammad, dit Le Bab (la porte), né à Shiraz et exécuté à Tabriz pour rébellion contre le régime. En 1844, il annonça l'apparition imminente du messager de Dieu attendu par toutes les religions du monde. Pour les bahaïs, Le Bab était le messager envoyé par Dieu pour préparer l'humanité à l'arrivée de Mirza Hussein Ali Nuri (Bahä' Allâh). Après l'exécution du Bab, Bahä' Allâh fut emprisonné à Téhéran. C'est au cours de cette période qu'il reçut sa révélation. Une fois libéré, il fut exilé et passa son temps à voyager et à enseigner dans tout le Moyen-Orient, avant de finir par s'installer à Acre, en Palestine, en 1868. C'est là qu'il écrivit le Kitab i-Aqdas, qui énonce les principes et commandements fondamentaux devant être observés par ses disciples. Il s'éteignit à Acre (Akko) en 1892, et le site voisin de Bahji demeure le site le plus sacré des bahaïs – Israël étant leur Terre promise.

Les bahaïs considèrent Bahä' Allâh comme le héraut d'une nouvelle ère au cours de laquelle les humains progresseront vers l'institution d'un gouvernement mondial, l'égalité entre tous les hommes et toutes les femmes, la mise au point d'une langue universelle (anglais) et la non-violence dans toutes les relations humaines. Ils font preuve de tolérance envers toutes les religions, convaincus de leur unité sous-jacente, et sont par conséquent ouverts à diverses formes d'expérience religieuse.

↑ **Siège de la Maison universelle de justice, Haïfa, Israël**
Après la mort du petit-fils de Bahä' Allâh, Shoghi Effendi Rabbani (appelé le gardien de la foi), la direction de la communauté bahaïe échut à un directoire élu par les membres (l'ordre administratif). La Maison universelle de justice, instance dirigeante de la foi bahaïe, fut instituée en 1963 avec l'élection de neuf personnes. Les élections ont lieu tous les cinq ans.

→ **Sanctuaire du Bab, Haïfa, Israël**
Le sanctuaire du Bab se trouve sur le mont Carmel et surplombe la mer. Le site englobe également les jardins en terrasse aménagés à flanc de montagne. Les sanctuaires du Bab et de Bahä' Allâh, en Terre sainte, sont les principaux centres de pèlerinage des bahaïs.

AUSTRALIE Maison du culte bahaïe, Sidney; **INDE** Temple du Lotus, Delhi; **ISRAËL** Tombe de Bahiyyah Khanum (fille de Bahä' Allâh), Haïfa; Tombeau de Bahä' Allâh, Bahji, près d'Acre

Caodaïsme

Le caodaïsme est une religion vietnamienne éclectique, fondée en 1926 par Ngô Van Chiên, fonctionnaire de l'île de Phu Quoc, qui entremêle des fondements du taoïsme, du bouddhisme, du confucianisme, du christianisme et de l'islam.

Cao Hoai Sang (n. c.) ; Ngo Van Chieu (1878-1926); Cao Quynh Cu (1888-1929); Le Van Trung († 1934) ; Pham Cong Tac (1893-1958)

Bat Quai Dai; Dai Dao Tam Ky Pho Do; ésotérisme; exotérisme; *Giao Tong*

Le caodaïsme, Cao Dai, ou de manière plus formelle le Dai Dao Tam Ky Pho Do, fut fondé par Ngô Van Chiên en 1926. Fort éclectique, il est surtout influencé par le taoïsme. À cette époque, le petit groupe de disciples de Ngô Van Chiên comptait notamment Cao Quynh Cu, Pham Cong Tac, Cao Hoai Sang et Le Van Trung, qui devint le premier pape de la religion (*Giao Tong*).

Le terme «Cao Dai» est dérivé de l'expression signifiant «Palais suprême» dans le taoïsme, nom donné à l'Être suprême. Le caodaïsme est aussi très influencé par le spiritisme. Au cours de séances, Ngô Van Chiên eut des visions et des révélations émanant d'esprits d'un grand nombre de personnalités éminentes dans les domaines des arts, de la culture, de la politique et de la religion. Et ce sont ces expériences qui fondent le socle des enseignements du mouvement. La religion se scinde en deux dénominations principales, les ésotériques et les exotériques, les premiers associant aux pratiques du caodaïsme la méditation et la disparition de l'ego.

D'après la doctrine, Dieu tenta une première fois de communiquer la vérité aux êtres humains, ce qui a donné naissance à différentes religions – judaïsme, hindouisme et Yi King en Chine. Lors d'une deuxième tentative, Dieu communiqua avec Bouddha, Jésus, Laotseu et Confucius. Cependant, ces messages furent dénaturés par leurs messagers et la seule manière de garantir la pureté de la vérité consiste à la connaître par l'intermédiaire des moines caodaïstes, qui sont en communication directe avec les esprits (*Bat Quai Dai*).

Le caodaïsme se considère comme étant le fruit d'une «troisième alliance entre Dieu et l'homme». Les esprits y jouent un rôle central et sont notamment des guerriers, des poètes et des dignitaires religieux. Dans le caodaïsme, les saints sont béatifiés pour leur contribution à la culture.

Dans sa volonté de fusionner les influences philosophiques, culturelles et religieuses de l'Orient et de l'Occident, le caodaïsme connaît un vif succès au Viêt Nam. Calquée sur celle du catholicisme romain, son organisation hiérarchique se compose d'un pape, de cardinaux, d'archevêques, d'évêques et de prêtres (des deux sexes). En revanche, ses rituels empruntent au taoïsme et au bouddhisme. Après sa reconnaissance officielle par les autorités coloniales françaises en 1926, la religion s'est propagée dans tout le sud du Viêt Nam. En 1975, les communistes fermèrent les temples et confisquèrent les propriétés. Dans les années 1980, le nouveau gouvernement restitua les temples à leurs propriétaires légitimes et le caodaïsme, bien que soumis au contrôle rigoureux des autorités, put de nouveau prospérer.

← **Saint-Siège du caodaïsme, Tay Ninh, Viêt Nam**
Le centre spirituel du caodaïsme, à 93 km au nord-ouest de Hô-Chi-Minh-Ville, s'appelle le Saint-Siège. Son architecture allie les éléments d'une église, d'une pagode et d'un centre commercial, et le hall central, haut en couleur, comporte neuf niveaux, symboles des neuf marches pour atteindre le paradis.

↓ **Cérémonie rituelle caodaïste, Saint-Siège du caodaïsme**
Les cérémonies rituelles sont visuellement spectaculaires. Quatre fois par jour, à six heures du matin, midi, six heures du soir et minuit, les adeptes se vêtent de simples vêtements blancs, tandis que les habits des prêtres sont très colorés. Le spectacle cérémoniel attire des foules de touristes, et bien sûr de disciples. Les hommes et les femmes viennent en procession depuis différents côtés du temple et font des offrandes d'encens, de fruits et de fleurs.

AUSTRALIE Than That Cao Dai, Wiley Park, Nouvelle-Galles du Sud; **CANADA** Than That Cao Dai, rue Saint-Urbain, Montréal; **É.-U.** Temple Cao Dai, Metro Area, Washington D.C.; **VIÊTNAM** Thanh That Cao Dai, Thon Phuc Duc, Temples Xa Sai Son et Tinh Ha Ta, nord du Viêt Nam; Thanh That Vinh Loi, temples Duong Hung Vuong et Thang Pho Hue, centre du Viêt Nam

BOB MARLEY
MUSEUM

Mouvement rastafari

Religion afro-caribéenne qui reconnaît l'empereur éthiopien Hailé Sélassié comme l'être suprême et le seul dirigeant du peuple noir, le mouvement rastafari prône la libération des peuples noirs de l'exploitation et de l'oppression exercées par les Blancs.

Hailé Sélassié (1892-1975); Marcus Garvey (1887-1940); Walter Rodney (1942-1980); Bob Marley (1945-1981)

Babylone; *grounations*; «*I and I*»; Jah

Les premiers rastafaris, ou rastas, s'inspirèrent de Marcus Garvey, qui fonda dans les années 1920 la *Universal Negro Improvement Association* (UNIA, Association universelle pour l'amélioration de la condition du peuple noir). Son objectif premier était d'organiser et d'unir les Noirs du monde entier. Garvey prônait le retour en Afrique de tous les Noirs, tous descendants d'Africains. Il disait au peuple noir de se tourner vers l'Afrique et de guetter le couronnement d'un roi qui annoncerait leur rédemption. En 1930, le prince ras Tafari Makonnen fut sacré empereur d'Éthiopie et, lors de son couronnement, s'attribua le titre d'empereur Hailé Sélassié (pouvoir de la Trinité). Cet événement fut perçu par de nombreux Noirs en Afrique et aux Amériques comme l'accomplissement de la prophétie de Garvey et marqua la naissance officielle du mouvement rastafari. Durant les années 1940 et 1950, les dirigeants du mouvement intensifièrent leur opposition à l'État colonial en Jamaïque, en défiant la police et en organisant des manifestations illégales.

En Jamaïque, de 1930 au milieu des années 1960, le mouvement rastafari n'était guère implanté qu'au niveau local. Aucune Église rastafari n'existait à l'échelle de l'île, pas plus qu'un consensus sur la doctrine fondamentale ni le canon des Écritures. La musique faisait pourtant déjà partie intégrante des cérémonies, appelées *grounations* ou *groundations*. En 1968, Walter Rodney, professeur à l'université des West Indies, publia *The Grounding with My Brothers*, qui rassemble ses entretiens avec des rastafaris. Ce pamphlet devait devenir le texte fondamental du mouvement Black Power aux Caraïbes. Il fallut toutefois attendre les années 1970 pour que le mouvement rastafari se mue en une force culturelle positive et commence à influencer l'art et la musique jamaïcains (notamment le reggae). À la fin des années 1970, un musicien reggae en particulier, Bob Marley, incarna les valeurs et croyances rastafaris. Grâce à son succès, le message et les idées rastas se diffusèrent sur toute la planète. Aujourd'hui, ce mouvement compte au total un million d'adeptes.

Les croyances rastafaris s'articulent autour de trois concepts dominants. Le premier est l'existence de Jah, nom rastafari donné à Dieu – mais il n'existe ni vie après la mort ni enfer. Le deuxième est le concept d'«*I and I*» (littéralement «*je et je*»), qui signifie que Jah est en chacun. Le troisième est la notion de Babylone, terme rastafari qui désigne la structure du pouvoir politique des Blancs qui entrave le peuple noir depuis des siècles.

Les rastas se distinguent par leur coiffure caractéristique, les dreadlocks, qui se forment lorsqu'ils ne coupent ni ne brossent leurs cheveux.

← **Mausolée de Bob Marley, Nine Miles, Jamaïque**
Bob Marley est né à Nine Miles, petit hameau au centre de la Jamaïque, devenu un lieu de pèlerinage important pour les rastafaris. Lorsque son cercueil fut conduit à travers l'île après ses funérailles célébrées à Kingston, la moitié des Jamaïcains se seraient rassemblés pour lui rendre un dernier hommage. En avril 1981, Marley fut décoré de l'ordre du Mérite jamaïcain.

ÉTHIOPIE Lieu de naissance d'Hailé Sélassié, Harar; Jamaican Rastafarian Development Community, Shashemene, province de Shoa; **JAMAÏQUE** Communauté Bobo Ashanti, Bull Hill, Bull Bay; Rastafarian Centralization Organization, Melody Drive, Kingston

Scientologie

La scientologie, nouvelle religion en plein essor, se fonde depuis 1952 sur un système de croyances et de pratiques puisées dans la philosophie de L. Ron Hubbard, écrivain américain de science-fiction.

L. Ron Hubbard (1911-1986)

auditeur; dianétique; électromètre; thétan

La scientologie, qui signifie l'« étude de la connaissance de la vérité », fut fondée par l'auteur de science-fiction américain L. Ron Hubbard sur une période de trente-quatre ans, de 1952 jusqu'à sa mort en 1986. Elle s'attache à rétablir l'esprit humain en général et s'appuie pour ce faire sur le système dianétique d'amélioration personnelle élaboré par Ron Hubbard. Cet outil braque les projecteurs sur la réhabilitation de l'esprit d'une personne, qui gardera un souvenir parfaitement conscient de ses expériences. Quant à la scientologie, elle s'attache davantage à réhabiliter l'esprit humain.

Les pratiques de la scientologie sont révélées à différents niveaux qui mènent aux stades les plus avancés de la connaissance ésotérique.

Les scientologues croient que les êtres humains sont des êtres spirituels immortels (appelés thétans), qui possèdent un esprit et un corps, et ont vécu de nombreuses vies antérieures. Une personne est fondamentalement bonne, mais devient « aberrée », ou déréglée, en raison des incidents de souffrance et d'inconscience, et conserve de nombreux problèmes émotionnels engendrés par les premiers stades de l'évolution. D'après la scientologie, le but ultime est de ramener le thétan à son état originel de liberté absolue, ou état du thétan opérant, abrégé en OT.

Au cœur des pratiques de la scientologie se trouve l'audition, session de conseil individualisé. L'auditeur suit une procédure précise visant à réhabiliter l'esprit humain, notamment en utilisant un électromètre, appareil censé mesurer d'infimes modifications de la résistance électrique dans le corps humain. L'audition vise à aider la personne concernée, le « préclair », à se libérer d'incidents particuliers ou de mauvaises décisions qui l'empêchent d'atteindre ses objectifs et contribuent au développement d'un mental réactif. Plusieurs célébrités d'Hollywood font désormais partie du mouvement, qui revendique dix millions d'adeptes. D'aucuns affirment que ce chiffre ne dépasserait pas cent mille dans le monde entier.

Siège de la scientologie, Los Angeles, Californie, États-Unis
Entrée du siège de l'Église de scientologie, ou Église de scientologie internationale (CSI, *Church of Scientology International*). Controversée, elle est l'église mère de toute la scientologie et donne la direction, la planification et l'orientation générales au réseau d'églises, de missions, d'auditeurs de terrain et de ministres bénévoles qui constituent la hiérarchie de la scientologie.

É.-U. Église fondatrice de scientologie, Washington D.C.; The Pacific Area Command Base, Fountain Avenue, Hollywood, Californie; Le Scientology Archive Project, Trementing, Santa Fe, nouveau-Mexique; Le Scientology Worldwide Spiritual Headquarters, Flad Land Base, Fort Harrison Hotel, Clearwater, Floride; **R.-U.** Église de scientologie de Londres, Tottenham Court Road, Londres; Saint Hill Manor, East Grinstead, West Sussex, Angleterre

ਬਾਲਾ

7

PAGES DE RÉFÉRENCE

Glossaire

AHIMSA
Dans le jaïnisme, vénération pour toute forme de vie correspondant au refus de causer une souffrance mentale, physique ou verbale.

AHURA MAZDA
En langue avestan, nom d'un dieu de l'antique religion proto-indo-iranienne, que Zarathoustra (Zoroastre) proclama Dieu unique à l'origine de la Création.

ANEKANT
Dogme jaïniste des multiples facettes selon lequel la connaissance ne peut venir que de nombreux modes de perception différents.

ANGRA MAINYU
Dans le zoroastrisme, personnification du mal ou de « l'esprit hostile », dépeint comme le chef des démons. Il est opposé à Spenta Mainyu, l'esprit du bien.

APARIGRAHA
Le non-attachement des jaïnistes aux possessions et états d'esprit matériels. Les ascètes observent une non-possession stricte d'objets matériels. Quant aux laïcs, ils s'efforcent de respecter un vœu de possession limitée.

APOCALYPSE
Dans le christianisme, révélation prophétique qui prédit la fin des temps, la destruction absolue et universelle ou le désastre.

APOCRYPHES
Les quatorze livres de la Bible dont l'Église ne reconnait pas l'origine divine et qui ne figurent donc ni dans le canon biblique juif, ni dans le canon chrétien.

ARHAT
Disciple illuminé de Bouddha ou celui qui a atteint l'Éveil.

ARIYA ATTHANGIKA MAGGA
Le noble sentier octuple préconisé dans l'enseignement de Bouddha; cette voie du milieu permet de se libérer de la souffrance.

ATAR
Dans les premiers textes du zoroastrisme, Atar est le véhicule du jugement. Toutefois, dans des textes ultérieurs en avestan, Atar devient le dieu du Feu, symbole de chaleur et de lumière, et essentiel à la croissance.

ATMAN
Dans l'hindouisme, désigne la puissance éternelle ou ultime qui réside en chacun, par opposition au Brahma qui est celle du cosmos.

AVATAR
Dans l'hindouisme, manifestation d'un dieu incarné dans un être humain ou un animal.

BHAKTI
Dans l'hindouisme, voie de la dévotion ou de l'adoration aimante envers le divin.

BODHI
Condition d'éveil ou d'illumination d'un bouddha, d'un bodhisattva ou d'un arhat.

BODHISATTVA
Personne vouée à devenir un bouddha, mais qui renonce à entrer au nirvana afin d'aider autrui par compassion.

BRAHMA
Dans l'hindouisme, force présente dans tout l'univers ou réalité ultime à la source de toute création.

CATÉCHISME
Dans le christianisme, résumé ou exposé de la doctrine prônée par les enseignements religieux.

CHAMAN
Dans l'animisme, médiateur entre le monde naturel et le monde des esprits; le chaman passe de l'un à l'autre dans un état de transe et communique avec les esprits afin de favoriser la guérison, la chasse ou les conditions climatiques.

CHARISMATIQUE
Terme générique désignant les chrétiens qui mettent en avant les expériences de manifestations du Saint-Esprit, telles que la guérison, les prédictions et le parler en langues (voir glossolalie).

CHRIST
« Celui qui est oint ». Titre donné à Jésus, que les chrétiens considèrent comme le Messie annoncé dans les Saintes Écritures juives.

CHUN-TZU
Personne qui vit conformément à l'idéal confucianiste du *Jen* (amour universel) et qui n'est pas mesquine, méchante, ni revancharde.

CORAN (QURAN)
Livre que les musulmans considèrent comme la révélation ultime d'Allah à l'humanité et comme la parole de Dieu.

DHARMA
Bien que doté de nombreuses significations (droit, loi, vérité, justice, doctrine), ce terme renvoie aux enseignements de Bouddha et à leur mise en application. Dans l'hindouisme, c'est un principe cosmique traduit par la droiture, la bonne conduite, le devoir et le mode de vie, ou la religion.

DHIKR
Répétition des noms d'Allah dans tous les domaines et sphères de la vie.

DIACRE
Dans les Églises chrétiennes traditionnelles, le diacre assiste le prêtre dans ses tâches pastorales et administratives, ainsi que dans la célébration de l'eucharistie et la lecture de l'Évangile durant le culte.

DIGAMBARA
Branche du jaïnisme où les moines ne portent absolument aucun vêtement. Plus présents dans le sud de l'Inde, les digambaras croient qu'ils maintiennent les doctrines et pratiques originelles du jaïnisme; leur canon compte bien moins d'Écritures que celui des svetambaras.

DUKKHA
Essence de l'enseignement de Bouddha : la nature de l'existence

et la condition de tous les êtres, à l'exception de ceux qui se sont éveillés, sont souffrance, ou plus précisément, insatisfaction.

ÉPISCOPAT
Système de gouvernement de l'Église chrétienne, régie par des évêques.

EUCHARISTIE
Signifiant littéralement « action de grâce », l'eucharistie est un sacrement chrétien qui consiste à partager le pain et le vin, symboles du corps et du sang du Christ. Il fut institué par Jésus lors de la Cène, dernier repas pascal partagé avec ses apôtres.

ÉVANGÉLIQUE
Ce terme englobe les confessions chrétiennes et les chrétiens qui mettent l'accent sur l'autorité et la primauté des Écritures, ainsi que sur une interprétation conservatrice de la Bible.

GLOSSOLALIE
Le « parler en langues », phénomène consistant à être investi par le Saint-Esprit.

GURU GRANTH SAHIB
Recueil de poèmes composés par des personnalités religieuses sikhes du nord de l'Inde, dont les enseignements s'inspiraient de celui des gourous. Il est devenu le principal texte sacré des sikhs.

GURU PANTH
Communauté qui suit les enseignements des gourous sikhs. Il est dit que l'esprit du gourou est présent dès que des sikhs se rassemblent en présence du Guru Granth Sahib.

HAGGADAH
Dans le judaïsme, interprétation de la Loi écrite faisant autorité.

HARMAGEDÔN
Ultime bataille entre les forces du Christ et les forces de Satan, mentionnée dans le Livre de la Révélation (ou Apocalypse).

HÉGIRE (HIJRA)
Fuite ou émigration de Mahomet et des premiers musulmans de La Mecque à Médine en 622 de l'ère chrétienne. Le calendrier islamique démarre à cette date et se poursuit par une année lunaire comptant 354 jours.

IMAM
Dans la tradition sunnite de l'islam, ce titre est simplement dévolu à celui qui dirige les prières publiques dans la mosquée. Quant aux chiites, ils confèrent ce titre aux successeurs du Prophète, descendants de la lignée de Fatima et d'Ali, qui sont considérés comme les guides spirituels de la communauté.

INDULGENCE
Rémission de la peine temporelle accordée par l'Église chrétienne pour les péchés à tous ceux qui versaient des aumônes destinées à l'achèvement de Saint-Pierre de Rome.

KAABA
Bâtiment cubique situé à La Mecque, vers lequel se tournent tous les musulmans pour prier. Il aurait été édifié par Abraham et Ismaël pour le culte du Dieu unique.

KARMA
Dans l'hindouisme, loi immuable des causes et des conséquences qui préside aux renaissances. C'est une loi cosmique qui régit le *samsara* et veille à ce que tous les actes bons ou mauvais engendrent le résultat escompté.

KHALSA
Ordre orthodoxe fondé par Guru Gobind Singh en 1699, qui rassemble aujourd'hui environ 20 % de la communauté sikh.

LI
Le terme « li » a plusieurs sens et est souvent traduit par bienséance, hommage, courtoisie, rituel ou idéal de conduite. Pour Confucius, il représentait la norme idéale de conduite religieuse, morale et sociale.

LITURGIE
Organisation spécifique des lectures de la Bible, des psalmodies et des prières lors du culte public au sein de l'Église chrétienne, et notamment de l'eucharistie.

MATA
Dans l'hindouisme, déesse indépendante vénérée dans les villages ou les zones rurales.

MILLÉNARISME ou MILLÉNIALISME
Croyance chrétienne selon laquelle, durant une période de mille ans avant la fin du monde, le Christ reviendra établir son règne sur terre. S'ensuivront un combat avec Satan et le jour du Jugement dernier.

MOKSHA
Dans l'hindouisme, la libération finale de l'âme du *samsara* ou cycle de renaissances.

NIRVANA
Dans le bouddhisme, l'arrêt de la roue de l'existence et la fin du *samsara* (cycle des renaissances).

SHINTO
Le shinto est un mélange d'animisme et de chamanisme fondant un polythéisme (subdivision à l'infini d'une force cosmique). Le concept central du shinto est le caractère sacré de la nature, et la place de l'homme dans l'univers est d'être un élément du grand tout.

ORDINATION
Dans le christianisme, action de conférer les fonctions liées à la prêtrise ou au ministère.

PAROUSIE
Seconde venue du Christ.

PRESBYTÈRE
Habitation du prêtre ou du pasteur d'une paroisse chez les chrétiens.

PURGATOIRE
Dans le catholicisme romain, lieu où ceux qui sont sauvés expient leurs péchés mineurs par des peines temporelles, par opposition à la

peine éternelle des damnés avant d'entrer au Paradis.

RASOUL
Prophète ou messager d'Allah, apportant un livre de révélation.

RÉFORME
Mouvement initié par Martin Luther au XVIe siècle en vue de réformer l'Église catholique romaine et de la délivrer des doctrines et pratiques erronées en vigueur.

RÉSURRECTION
Retour du Christ à la vie après sa mort et son inhumation. D'une manière générale, retour des morts à la vie le jour du Jugement dernier.

SAINT-ESPRIT
Dans le christianisme, troisième personne de la sainte Trinité – Dieu le Père, son fils Jésus-Christ et le Saint-Esprit.

SANGHA
Dans le bouddhisme theravada, renvoie à l'assemblée des moines et des nonnes; dans le bouddhisme mahayana, désigne souvent l'ensemble de la communauté.

SATGURU
Signifiant littéralement «le vrai maître», ce terme est utilisé par les sikhs pour désigner Dieu ou l'un des dix gourous humains.

SATNAM
Dans le sikhisme, *satnam* se réfère au vrai Nom de Dieu, révélé par le *satguru* à ses disciples.

SATORI
Terme employé dans le bouddhisme zen pour décrire un état d'éveil où la différenciation et la dualité sont surmontées.

SPENTA MAINYU
Dans le zoroastrisme, Spenta Mainyu (l'esprit saint) est le Dieu de la vie et personnifie la bonté et la lumière. Il est le frère jumeau d'Angra Mainyu, Dieu des ténèbres, à qui il livre un éternel combat.

SUCCESSION APOSTOLIQUE
Dogme selon lequel une Église, ou son dirigeant, s'inscrit dans la succession des Apôtres de l'Église chrétienne primitive.

SUIJAKU
À l'origine terme bouddhiste qui définit Bouddha en tant qu'être métaphysique et en tant que personnage historique ou Shakyamuni. Cette théorie fut prêchée au Japon afin d'expliciter les relations entre les divinités shintoïstes et les bouddhas. Les bouddhas étaient considérés comme les *honji* (réalités originelles), et les divinités shintoïstes comme leurs incarnations, ou *suijaku* (manifestations temporaires).

SVETAMBARA
Courant dominant du jaïnisme, pratiqué principalement dans le nord et l'ouest de l'Inde. Signifiant littéralement «vêtus de blanc», le nom vient des simples habits de coton blanc dont se vêtent les moines.

TALMUD
Recueil de débats entre rabbins sur la loi, l'éthique, les coutumes et l'histoire juives. Il se compose de la Mishna, compilation de la Loi orale juive, et de la Gémara, commentaire de la Mishna et de la Bible hébraïque.

TANTRA
Série de textes sacrés hindous, écrits sous la forme d'un dialogue entre Shiva et sa parèdre Parvati, qui décrivent un éventail de pratiques menant à la libération par l'union. Le tantrisme a ensuite prôné une voie unique de la libération, la déesse étant la divinité suprême.

TARIQA
Signifiant littéralement «la voie», ce terme désigne les diverses voies de la purification intérieure atteinte grâce à la récitation des noms d'Allah.

TASSAWUF
Chemin intérieur de purification du cœur grâce à la récitation des noms d'Allah.

TAWHID
Doctrine centrale de l'islam professant l'unité et l'unicité de Dieu.

TIRTHANKARAS
Dans le jaïnisme, titre employé pour les vingt-quatre grands guides spirituels et âmes libérées, nés dans chaque demi-cycle du temps, qui consacrent leur vie à prêcher la voie de la libération.

TORAH
Les cinq premiers livres de la Bible hébraïque: Genèse, Exode, Lévitique, Nombres et Deutéronome.

TRANSSUBSTANTIATION
Dogme chrétien recouvrant la transformation du pain et du vin en corps et sang du Christ lors de l'Eucharistie.

TRINITÉ
Dogme chrétien selon lequel Dieu est trois personnes distinctes – le Père, le Fils (Jésus-Christ) et le Saint-Esprit – en une seule substance divine.

UNIVERSALISME
Dans certaines confessions chrétiennes, concept selon lequel tous les êtres humains seront réconciliés avec Dieu et sauvés de la damnation éternelle.

VARNA
Les quatre classes, ou divisions principales, de la société hindoue: les brahmanes, les kshatriyas, les vaisyas et les sudras.

YIN ET YANG
Dans le taoïsme, deux forces primaires opposées mais complémentaires qui résident en toutes choses de l'univers. Le *yin* est l'élément sombre et correspond à la nuit, tandis que le *yang* est l'élément plus clair qui correspond au jour.

ZAZEN
Dans le bouddhisme zen, postures de méditation assise, généralement pratiquée dans la position du lotus.

AFGHANISTAN
VALLÉE DE BAMIYAN : bouddhisme
MAZAR-E-CHARIF : chiisme

ALLEMAGNE
BERLIN : baptisme
EISENACH : protestantisme
ERFURT : luthéranisme
LÜNEBURG : Église adventiste du septième jour
WARBURG : luthéranisme
WITTENBERG : luthéranisme ; protestantisme

ANGUILLA
Témoins de Jéhovah

ARABIE SAOUDITE
LA MECQUE : islam

AUSTRALIE
CARLINGFORD, Nouvelle-Galles du Sud : mormons
SIDNEY : bahaïsme
ULURU, Territoire du Nord : animisme
WILEY PARK, Nouvelle-Galles du Sud : caodaïsme

AZERBAÏDJAN
BAKOU : zoroastrisme

BÉNIN
Vaudou

CANADA
LONDON, Ontario : méthodisme
MONTRÉAL : caodaïsme
NELSON, Colombie-Britannique : Science chrétienne
SACKVILLE, Nouveau-Brunswick : baptisme
TORONTO : presbytérianisme
VANCOUVER : animisme

CHINE
PÉKIN : confucianisme ; taoïsme
HANGZHOU : confucianisme ; bouddhisme mahayana
PROVINCE DU HUBEI : taoïsme
NANKIN : confucianisme
QUFU : confucianisme
SHANXI : bouddhisme mahayana
XI'AN : taoïsme

CORÉE DU SUD
ASAN : Église de l'Unification
GYEONGGI-DO : Église de l'Unification
KANGSO, PYONGAN-DO : taoïsme
PUSAN : Église de l'Unification
SÉOUL : Église de l'Unification

CUBA
LA HAVANE : santeria

ÉGYPTE
ASSOUAN : ismaélisme
LE CAIRE : Église orthodoxe de Grèce ; ismaélisme ; sunnisme
MONT SINAÏ : Église orthodoxe de Grèce ; judaïsme

ESPAGNE
GRENADE : islam
SERVETO, Aragon : unitarisme

ÉTATS-UNIS (É.-U.)
ARCOLA, Illinois : Amish
ATLANTA, Floride : baptisme
BALTIC, Ohio : Amish
BALTIMORE, Maryland : méthodisme
BARRINGTON, Rhode Island : judaïsme réformé
BATTLE CREEK, Michigan : Église adventiste du septième jour
BOSTON, Massachusetts : Science chrétienne
CHICAGO, Illinois : unitarisme
CLEARWATER, Floride : scientologie
CONCORD, New Hampshire : Science chrétienne
DALLAS, Texas : méthodisme
EASTON, Maryland : quakers
ELBERTON, Géorgie : wicca
ELKINS PARK, Pennsylvanie : judaïsme réformé
GORHAM, Maine : Église adventiste du septième jour
HIALEAH, Floride : santeria
HOLLYWOOD, Californie : scientologie
LANCASTER, comté de Lancaster, Pennsylvanie : Amish
LOS ANGELES, Californie : pentecôtisme ; scientologie
MARION, Ohio : congrégationalisme
MEMPHIS, Tennessee : Science chrétienne ; pentecôtisme
METAIRIE, LA NOUVELLE-ORLÉANS, Louisiane : protestantisme
MIAMI, Floride : judaïsme réformé ; santeria ; vaudou
MORRISTOWN, New Jersey : judaïsme orthodoxe

NAUVOO, Illinois: mormons
NEWARK, New Jersey: luthéranisme
LA NOUVELLE-ORLÉANS, Louisiane: vaudou
NEW YORK: catholicisme; témoins de Jéhovah
PHILADELPHIE, Pennsylvanie: quakers
PROVINCE TOWN, Massachusetts: unitarisme
SALEM, Oregon: quakers
SALT LAKE CITY, Utah: mormons
SANTA FE, Nouveau-Mexique: scientologie
SAVANNAH, Géorgie: judaïsme réformé
SHELDON, Caroline du Sud: santeria
SILVER SPRING, Maryland: Église adventiste du septième jour
SIMI VALLEY, Californie: Église adventiste du septième jour
ST GEORGE, Utah: témoins de Jéhovah; mormons
STODDARD, New Hampshire: congrégationalisme
TOPEKA, Kansas: pentecôtisme
WABAUNSEE, Kansas: congrégationalisme
WASHINGTON D.C.: caodaïsme; Églises épiscopaliennes; presbytérianisme; scientologie; Église de l'Unification
WASHINGTON, New Hampshire: Église adventiste du septième jour
WICHITA, Kansas: luthéranisme

ÉTHIOPIE
ADDIS-ABEBA: mouvement rastafari
HARAR: mouvement rastafari
SHASHEMENE, province de Shoa: mouvement rastafari

FRANCE
CHARTRES: catholicisme
GOLFE DU MORBIHAN, Bretagne: néo-paganisme
ILLE-ET-VILAINE, Bretagne: néo-paganisme
LOURDES: catholicisme
NOYON: protestantisme
PARIS: catholicisme

GRÈCE
MONT ATHOS: Église orthodoxe de Grèce
SANTORIN: Église orthodoxe de Grèce

HAÏTI
CARREFOUR: vaudou
GRESSIER: vaudou

HONGRIE
BUDAPEST: judaïsme orthodoxe

INDE
ÂGRA, Uttar Pradesh: islam
AJMER, Rajasthan: zoroastrisme
AMRAVRATI, Maharashtra: jaïnisme
AMRITSAR, Pendjab: sikhisme
ANANDPUR, Pendjab: sikhisme
AYODHYA, Uttar Pradesh: hindouisme; vishnouisme
BHOPAL, Madhya Pradesh: bouddhisme
BODHGAYA, Bihar: bouddhisme
CHENNAI, Tamil Nadu: anglicanisme; presbytérianisme
CHEZERLA, Andhra Pradesh: shivaïsme
CHIDAMBARAM, Tamil Nadu: shivaïsme
CHURU, Rajasthan: shaktisme
COCHIN, Kerala: judaïsme orthodoxe
COPRASTHAM MEHNDIYAN, Vieux Delhi: soufisme
DELHI: bahaïsme; islam; soufisme
DHARAMSALA, Himachal Pradesh: bouddhisme mahayana
DWARKA, Gujarat: vishnouisme
FATEHPUR SIKRI, Rajasthan: sunnisme
GOA: catholicisme
HARIDWAR, Uttar Pradesh: hindouisme; shivaïsme
JUNAGADH, Gujarat: jaïnisme
KANGRA, Himachal Pradesh: shaktisme
KHAJURAHO, Madhya Pradesh: hindouisme
CALCUTTA, Bengale-Occidental: anglicanisme; baptisme; hindouisme; shaktisme; unitarisme
KURNOOL, Andhra Pradesh: shivaïsme
LUDHIANA, Pendjab: sikhisme
MADURAI, Tamil Nadu: hindouisme
MONT ABU DILWARA, Rajasthan: jaïnisme
MYSORE, Karnataka: shaktisme
NAINITAL, Uttar Pradesh: shaktisme
NAKODA, Rajasthan: jaïnisme
NANKANA SAHIB, Pendjab: sikhisme
NAVSARI, Gujarat: zoroastrisme
NEW DELHI: sikhisme
VIEUX DELHI: sikhisme
PUNE, Maharashtra: ismaélisme
PURI, Orissa: vishnouisme
RISHIKESH, Uttarakhand: hindouisme; shivaïsme
SAMVASARAN MANDIR, Gujarat: jaïnisme
SRAVANABELAGOLA, Karnataka: jaïnisme
TIRUCHIRAPPALLI, Tamil Nadu: vishnouisme
VARANASI, Uttar Pradesh: bouddhisme; hindouisme; shivaïsme
VRINDAVAN, Uttar Pradesh: hindouisme; vishnouisme

IRAN
MASHHAD: chiisme
PERSÉPOLIS: zoroastrisme
QOM: chiisme
TÉHÉRAN: chiisme
YAZD: zoroastrisme

IRAK
BAGDAD: chiisme; soufisme
KERBALA: chiisme
MOSSOUL: judaïsme
NADJAF: chiisme

IRLANDE
CILL DARA, comté de Kildare: wicca
COMTÉ DE DUBLIN: témoins de Jéhovah

ISRAËL
ACRE (AKKO): bahaïsme, Druzes
GALILÉE: Druzes
HAÏFA: bahaïsme; Druzes
JÉRUSALEM: christianisme; islam; judaïsme

ITALIE
ROME: catholicisme; christianisme

JAMAÏQUE
BULL BAY: mouvement rastafari
KINGSTON: mouvement rastafari

NINE MILES : mouvement rastafari

JAPON
VILLE D'ISE, préfecture de Mie : shintoïsme
KAMAKURA : shintoïsme
KYOTO : bouddhisme mahayana ; shintoïsme ; bouddhisme zen
NARA : bouddhisme mahayana
TAISHA, préfecture de Shimane : shintoïsme
TOKYO : shintoïsme ; bouddhisme zen

KENYA
MOMBASA : anglicanisme

NÉPAL
PASHUPATINATH : shivaïsme

NOUVELLE-ZÉLANDE
ÎLES COOK : congrégationalisme

OUZBÉKISTAN
SAMARCANDE : sunnisme

PAKISTAN
LAHORE : sunnisme
MULTAN, Pendjab : soufisme
NANKANA SAHIB, Pendjab : sikhisme
SEHWAN SHARIF : soufisme

RÉPUBLIQUE TCHÈQUE
PRAGUE : judaïsme

ROUMANIE
BUCAREST : témoins de Jéhovah

ROYAUME-UNI (R.-U.)
AMESBURY, Wiltshire : néo-druidisme ; néo-paganisme
AVEBURY, Wiltshire : néo-druidisme
BEDFORD : Science chrétienne
BRISTOL : congrégationalisme
CANTORBÉRY : anglicanisme ; Églises épiscopaliennes
CERNE ABBAS, Dorset : wicca
CHIPPING NORTON, Oxfordshire : wicca
COVENTRY : anglicanisme ; christianisme
EAST GRINSTEAD, West Sussex : scientologie
ÉDIMBOURG : presbytérianisme
GLASTONBURY, Somerset : néo-paganisme ; wicca
HAVERFORDWEST : congrégationalisme
ÎLE D'ANGLESEY : wicca
ÎLE DE LEWIS : néo-paganisme
ÎLE DE WIGHT : néo-druidisme
LEICESTER : jaïnisme
LIVERPOOL : judaïsme orthodoxe
LONDRES : anglicanisme ; baptisme ; bouddhisme ; christianisme ; Églises épiscopaliennes ; ismaélisme ; méthodisme ; pentecôtisme ; quakers ; scientologie ; sunnisme ; unitarisme
LOSTWITHIEL, Cornouailles : wicca
MANCHESTER : judaïsme réformé
NEWCHAPEL, Surrey : mormons
NOTTINGHAM : unitarisme
OXFORD : baptisme ; Églises épiscopaliennes ; méthodisme
SALISBURY : néo-druidisme ; néo-paganisme
PARC NATIONAL DE SNOWDONIA : néo-druidisme
THORNBOROUGH, Yorkshire du Nord : néo-druidisme
ULVERSTON, comté de Cumbrie : quakers
UXBRIDGE, Middlesex : pentecôtisme
WATFORD, Hertfordshire : vishnouisme
YORK : anglicanisme ; Églises épiscopaliennes

SRI LANKA
ANURADHAPURA : bouddhisme theravada
KANDY : bouddhisme
POLONNARUWA : bouddhisme theravada

SUISSE
ZURICH : protestantisme

SYRIE
DAMAS : sunnisme
PLATEAU DU GOLAN : Druzes
MONT DJÉBEL EL-DRUZE : Druzes

TAÏWAN
TAICHUNG : confucianisme
TAIPEI : confucianisme ; taoïsme

TERRITOIRES PALESTINIENS
JÉRICHO : judaïsme

THAÏLANDE
BANGKOK : animisme ; bouddhisme mahayana ; bouddhisme theravada
CHIANGMAI : animisme
LAMPHUN : bouddhisme theravada
PHITSANULOK, Province de Changwat : bouddhisme
SUAN MOKKH : bouddhisme theravada
PARC HISTORIQUE DE SUKHOTHAI : bouddhisme

TIBET
LHASSA : bouddhisme mahayana

TOGO
LOMÉ : vaudou

TUNISIE
MAHDIA : ismaélisme

TURQUIE
EDIRNE : islam
KONYA : soufisme
ISTANBUL : Église orthodoxe de Grèce ; islam

UKRAINE
LVIV : judaïsme orthodoxe
TOPOROUTZ : Église orthodoxe de Grèce

VIÊT NAM
TAY NINH : caodaïsme

ZAMBIE
CHUTES VICTORIA : presbytérianisme

Chronologie des religions

Chronologie des religions

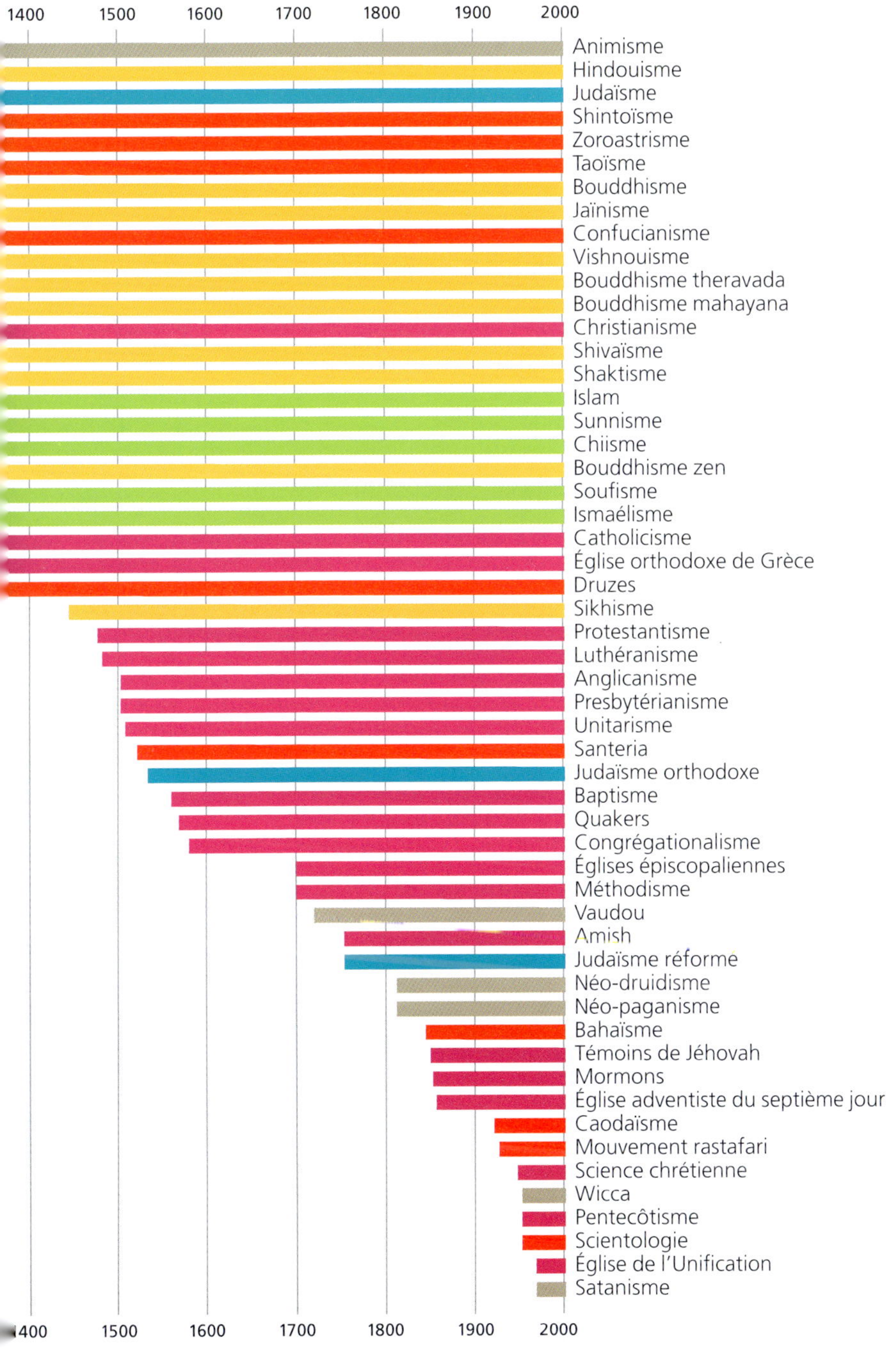

Origines des religions

Pour une carte plus détaillée,
voir p. 158.
Légendes des numéros :

1 Presbytérianisme
2 Églises épiscopaliennes
3 Wicca
4 Satanisme
5 Quakers
6 Néo-paganisme
7 Néo-druidisme
8 Congrégationalisme
9 Méthodisme
10 Anglicanisme
11 Baptisme
12 Luthéranisme
13 Judaïsme orthodoxe
14 Protestantisme
15 Judaïsme réformé
16 Amish

1,2,3,4,5,6,
7,8,9,10
13
11
14
16
15
12
risme
Catholicisme
Église orthodoxe de Grèce
Ismaélisme
Druzes
Judaïsme
Christianisme
Zoroastrisme
Bahaïsme
Soufisme
Shivaïsme
Chiisme
Islam
Sunnisme
Bouddhisme
Jaïnisme
Vishnouisme
Hindouisme
Shaktisme
Sikhisme
Bouddhisme mahayana
Bouddhisme theravada
Église de l'Unification
Bouddhisme zen
Shintoïsme
Taoïsme
Confucianisme
Caodaïsme
Santeria

Origines des religions

Crédits photographiques

p. 2, 43 © Summerfield Press / CORBIS
p. 10, 18 © Estate of John David Roberts, avec l'aimable autorisation de The William Roberts Society
p. 12, 23 © Carmen Redondo / CORBIS
p. 13, 14, 33, 34, 60 © The Bridgeman Art Library
p. 15, 24, 30-31, 54 © 1990. Photo Scala, Florence
p. 17 © Wolfgang Kaehler / CORBIS
p. 19 © Thomas A Heinz / CORBIS
p. 20 © 1990. Photo Scala, Florence, avec l'aimable autorisation du Ministero Beni e Att. Culturali
p. 25 © Richard T Nowitz / CORBIS
p. 26, 83, 140 © Chris Lisle / CORBIS
p. 27 © Yann Arthus-Bertrand / CORBIS
p. 28 © Araldo de Luca / CORBIS
p. 29 © National Gallery, Londres
p. 31 © Alessandro Bianchi / Reuters / CORBIS
p. 32, 68 (h) © Sandro Vannini / CORBIS
p. 35 © Svenja-Foto / zefa / CORBIS
p. 36 © John Slater / CORBIS
p. 37 © Richard Klune / CORBIS
p. 38 © The Cleveland Museum of Art, Leonard C Hanna, Jr, Fund 1976.2
p. 39 © Vittoriano Rastelli / CORBIS
p. 40-41 © Robert Holmes / CORBIS
p. 42 © Flip Schulke / CORBIS
p. 44 © Patrick Ward / CORBIS
p. 45, 47, 61 © Lee Snider / Photo Images / CORBIS
p. 46, 64-65 © Bettmann / CORBIS
p. 48 © Danny Bailey
p. 49 © Klaas Lingbeek van Kranen
p. 50 © 2006. Photo National Portrait Gallery, Smithsonian / Scala Art Resource / Scala, Florence
p. 51 Angelo Hornak / CORBIS
p. 52-53 © Michael Nicholson / CORBIS
p. 55 © 1987 The Metropolitan Museum of Art
p. 56 Richard Cummins / CORBIS
p. 57 (h) © Mark E Gibson / CORBIS
p. 57 (b) © Danny Lehman / CORBIS
p. 58 © 2002 Conférence générale des adventistes du septième jour. Reproduit avec autorisation
p. 59 © Intellectual Reserve, Inc
p. 62-63 © 1990. Photo Opera Metropolitana Siena / Scala, Florence
p. 66 © The British Library Board. Tous droits réservés
p. 68 (b) © Vanni Archive / CORBIS
p. 70-71 © Reuters / CORBIS
p. 72 © CORBIS
p. 74 © Nabil Mounzer / epa / CORBIS
p. 75 © Ali Haider / CORBIS
p. 76 © Chris Heller / CORBIS
p. 77-78 © KM Westermann / CORBIS
p. 79 © Jose Fuste Raga / CORBIS
p. 80, 98 © Gustavo Tomsich / CORBIS
p. 82, 113 © Royalty-Free / CORBIS
p. 84 © Tibor Bognár / CORBIS
p. 85 © The Cleveland Museum of Art. Don de Katherine Holden Thayer, 1970.62
p. 86 © Historical Picture Archive/CORBIS
p. 87, 116 © Adam Woolfitt / CORBIS
p. 88 © Craig Lovell
p. 89 © Omkarananda Ashram Himalayas, Muni-ki-reti, Rishikesh, Inde
p. 90 © 2003. Photo Scala, Florence / HIP
p. 91 © Collection privée, Archives Charmet / The Bridgeman Art Library
p. 93 © Lindsay Hebberd / CORBIS
p. 94 © Mami Sheehy
p. 92, 95 © David Cumming; Eye Ubiquitous / CORBIS
p. 96 © John Sheehy
p. 97 © Maurizio Gambarini / dpa / CORBIS
p. 99 © Masumi Nakada / zefa / CORBIS
p. 100, 128 © Charles & Josette Lenars / CORBIS
p. 101 © Alison Wright / CORBIS
p. 102-103 © Earl & Nazima Kowall / CORBIS
p. 104 © Free Agents Ltd / CORBIS
p. 106-107 © Catherine Karnow / CORBIS
p. 108, 146 © Dinodia / The Bridgeman Art Library
p. 109 © Bennett Dean; Eye Ubiquitous / CORBIS
p. 110, 118, 119 © Homer Sykes / CORBIS
p. 112 © Mae Wallace
p. 114-115 © Caroline Penn / CORBIS
p. 117 © Roger Ressmeyer / CORBIS
p. 120 © Greenhalf Photography / CORBIS
p. 121 © Robert Estall / CORBIS
p. 122 © Pierre Perrin / Sygma / CORBIS
p. 123 © Gianni Dagli Orti / CORBIS
p. 124, 131 © RMN / © Thierry Ollivier
p. 126 © Lebedev Alexey
p. 127 © The Cleveland Museum of Art , Leonard C Hanna Jr, Fund 1987.3.1
p. 129 © ROSHANAK.B / CORBIS SYGMA
p. 130 © Michael S Yamashita / CORBIS
p. 132 © Liu Liqun / CORBIS
p. 133 © Archivo Iconografico, SA / CORBIS
p. 134, 135 (g) © Hanan Isachar / CORBIS
p. 136 © Bob Krist / CORBIS
p. 137 © Daniel Lainé / CORBIS
p. 138-139 © Bahá'í International Community (http: //media / bahai.org)
p. 141 © Keren Su / CORBIS
p. 142 © David Cumming; Eye Ubiquitous / CORBIS
p. 144-145 © Jerzy Dabrowski / dpa / CORBIS

Première de couvertu
à droite, en partant d
© Dinodia / The Bridge
© Tibor Bognár / CORB
© National Gallery, Lon
© 1990. Photo Scala, F
© Free Agents Ltd / C
© RMN / © Thierry Oll
© 2003. Photo Scala,
© Michael S Yamashit
© Chris Lisle / CORBIS
© Earl & Nazima Kow
© Ali Haider / CORBIS
© Estate of John Dav
avec l'aimable autori
de The William Robe
© Sandro Vannini / C
© Lindsay Hebberd /
© Alison Wright / C

Deuxième et trois
Moïse au sommet d
du Veau d'or, chap
Cosimo Rosselli
© 1990. Photo Sca

Illustrations de l
à droite, en part
Tableau représen
Baba Atali, Amrit
Sculptures érotiq
de Khajuraho, M
La Vierge à l'enf
Fiorenzo di Lore
Création des astr
Temple Kinkaku
(p. 104)
Rouleau suspen
des souverains
du foyer, 1600
Parvati, parèdr
Symbole taoïst
La Dormition d
Bouddha Mai
Hangzhou, C
Mausolée de l
Jour du Grand
Dôme du Ro
Temple de P
Inde (p. 93)
Peinture Tha
au centre le
(p. 101)

Traduction : Chantal Nanche
Suivi éditorial et adaptation PAO : Belle page
Titre original en langue anglaise : *...isms, Understanding religions*

61, bd Saint-Germain
75240 Paris cedex 05
www.editions-eyrolles.com

ISBN : 978-2-212-53682-9
Dépôt légal : septembre 2007

Imprimé à Singapour par Star Standard Industries Pte. Ltd.